決定版

朝13分で、毎日1万円儲ける株

藤本誠之
Fujimoto Nobuyuki

明日香出版社

はじめに

まいど！　〝相場の福の神〟こと藤本誠之《のぶゆき》です。

今、お目にかかっているみなさんは、株式投資をやってはいるものの、なんかうまくいかない。それで「本当に1日1万円儲かるのかな？」と思って、この本を手にとってくださったのではないでしょうか。

だとしたら、**みなさんは本当に運がいい！**　相場の福、つまり勝つための投資術を身につける方法を手に入れました。

そして中身を読んでいただければ、初心者でもちゃんと練習すれば1日にたった13分で1万円儲けられるのも夢じゃない、ということもおわかりになると思います。

株式投資にはいろいろなノウハウがありますが、みなさんが幸運なのは、本書の投資法は**初心者が理解しやすく、一番練習しやすく、そして上達しやすい投資法**だからです。

だいたいの場合、投資がうまくいかない理由というのは、勉強と練習が足りないことが多いんです。実のところ株式投資って、最低限の基礎知識を身につけたら、後は〝習うより慣れよ〟が大事なんですね。何回も実戦で練習を繰り返して、そして成功したり失敗したりするなかからだんだん学んで上達していく。そういうものなんです。

だからこそ、デイトレのような超短期の投資は、すごく効率がいいんです。

そして、本書の投資法は、とても簡単です。次に動きそうな銘柄を予想し、仕掛けて、思い通りに動いたところで利益をとるだけです。もちろん予想のためには勉強が必要ですが、過去の相場から見つけ出した法則を活用するので、自分の経験はもちろん、他人の経験すら、勉強することで生かせるのです。

例えば、本書の執筆中に開催された東京オリンピック。**本書を読んでから開会式を見ていたら、次の日に儲けられる銘柄がわかったはず**でした（詳しいことは、本書の真ん中あたりに書いてありますので、ぜひ、お買い求めの上お読みください)。

本書のセオリーそのものは、それくらいシンプルで初心者向けです。きっと、コンビニでアルバイトを始めるときに覚えなければいけないことよりも、ずっと簡単です。そして、アルバイトをするよりも短い時間で、ちょっとした副収入を得られます。もし、毎朝1時間半ほどの時間をとれるなら、数年後には個人投資家として生活しているかもしれません。(でももしあなたが、毎日株価をチェックするのに向いていない人だったら、姉妹本『週55分で、毎週5万円儲ける株』をご覧ください)

そして学んだ知識とノウハウは、スマホを使える状況なら、株式市場がある限り生かし続けることができます。将来の安心にもつながりますよね。

どうかみなさんに、相場の福が授かりますように。

藤本誠之

『決定版 朝13分で、毎日1万円儲ける株』もくじ

2章　1日1万円儲けるベースキャンプ作り

3章　福の神式　半歩先読み・思考術

4章 福の神式 日経新聞【8分】ポイント読み

7章 デイトレなのに「ほったらかし!?」売買術

8章　夜【17分】明日につなげるトレード反省術

カバー：西垂水敦・松山千尋（ｋｒｒａｎ）
編集協力：北千代
校正：共同制作社

1章

今こそ、
デイトレ新時代!!

コロナで在宅ワーカー激増、「副業は個人投資家」の時代が来ました

２０２０年は、世界規模で経済環境が一変しました。原因はもちろん、言わずもがなの新型コロナウイルスです。世界経済も一時は大変なことになっちゃいました。が、２０２０年末には、株価はすっかり元に戻りました。ＮＹダウも、日経平均も、コロナ禍以前と変わらない状況に。しかも、日本では株式投資が急速に伸びています。なぜかといえば、コロナ禍でテレワークが一気に促進されたから。この本も、編集会議をＺｏｏｍで行って作りました。

こうした環境では、**デイトレードが非常にやりやすくなりました。**

そして実は、**これからも、株の時代は続く**んです。企業が従業員を支えきれない時代になったからです。給料をカットせざるを得なくなった代わりに、副業を認める企業も増え

てきました。とはいっても、個人での副業はそう簡単に始められるわけではないですよね。

ほんなら、いっちょYouTuberにでもなるか！

そうはいっても、見てくれる人がいなければ、儲かりません。

そこで、**種銭があれば始められる株式投資が有利になってきた**わけです。

株式市場を見ても、自粛が始まってからは明らかに口座開設数が増えています。新しい投資家が増えてきているんです。

しかも、ネット取引の手数料がどんどん安くなっていて、1日あたり100万円の取引まで手数料0円というネット証券会社もずいぶん増えました。**ほとんどコストゼロでデイトレードができるようになったん**です。

毎日ずっと右肩上がりとちゃうから、長期投資より短期投資!!

日々の経済成長は、ずっと右肩上がりで動くわけではありません。上がる期間もあれば下がる期間もある。２０２０年にも何度か、ズドーンと下がって、その何倍かの時間をかけて、結局は何事もなかったかのように、株価が戻ったタイミングがありました。

こうした事態に備えるには、やっぱり短期投資が良いんですよね。結論が1日で出るので、初心者でも儲かって、反省して、さらに次のチャレンジというサイクルでやりやすくなる。すると、回数をこなせるので、**どんどん上達できる**わけです。

それでは、なぜ預金や国債、為替証拠金取引（ＦＸ）よりも、短期の株式投資が良いの

でしょうか。

日本はもう、20年以上も低金利の時代が続いています。でも、世界に視野を広げてみると、そうではありませんよね。たとえば、アメリカの十年国債は、2018年は3・261％の利回りがついていました。しかし、コロナショックで一時は0・318％まで落ちてしまった。

高金利で人気があったオーストラリア十年国債も、3年前には2・9％あったのが、今では1・2％程度と半分以下。

世界中の主要国債の過半が、利回り1％に満たないというのが、新型コロナ始まって以来の状況なのです。つまり、これまで儲かっていた債券投資がやりにくくなって、結局、今儲けをとれそうなのが、株式投資か不動産投資、というわけです。

国債の利回りがやたら低いんは、今だけなんちゃうん？　後で戻らへんの？

そう思う人もいますよね。

それでは、なぜコロナ禍で十年国債が下がったのかというお話もしておきましょうか。コロナ禍の支援策として、日本では特別定額給付金や持続化給付金、それにＧｏＴｏトラベルやＧｏＴｏイートなどの施策を打ちました。この財源は、国債の発行で基本的にまかなっています。アメリカでも失業保険を、欧州各国も支援策を出しましたが、これってみーんな、国債を財源にしています。

つまり、コロナ禍で、**全世界が借金まみれ**になったということなんです。

コロナ禍というのはとても特殊で、どこかのタイミングで終わることが見えています。けれど、渦中の破壊力は甚大で、終わりが来る前に企業がバッタバッタ倒産しそうになりました。総倒れになってしまうと、国民の生活がむちゃくちゃになるので、なんとかつぶさないようにしなければいけない。だから、安定するまでは低金利の国債を大量に刷って市場にお金をじゃぶじゃぶと注ぎ込みます。

金利を低く抑えるのは、返しやすくするためです。いくら企業や個人の融資を支援しても、利払いが増えると返せなくなってしまいます。だから、**しばらくは金利を上げにくい**

状態が続きます。これから相当な期間、金利が上がらない世界になることを、資産運用では覚悟していかなきゃならないんです。

というわけで、テレワークの人は、デイトレをしましょう。

私・藤本がおすすめするのは、本書のタイトルにある通り、**朝13分で毎日1万円儲けられるデイトレード**の方法です。

それも、寄付き（その日の相場の始まり）で上がりそうな銘柄を買い、高値がついたところで売ろうという取引だけではありません。

〝値が上がった銘柄は、後で下がる〟という値動きを予想しての、デイトレもあるんです。

高値がつくのを待ってから空売りし、安値で買い戻すのです。

その差額を利益とします。

なぜそんなことができるのでしょう？

それは、**〝信用取引〟を活用する**からです。

信用取引とは、担保をもとに資金や株式を借りて売買できる取引です。

〝空売り〟とは、信用取引で借りた株を売却し、後から買い戻す方法です。

株が上がるときと下がるとき、両方に儲けるチャンスがある〝信用取引〟を利用したデイトレ。

その極意を本書では、やさしく説き明かしていきます。

最初に本書の旧バージョンを世に送り出したときは、まだまだテレワークも時間差勤務も一般的ではなかったので、出勤前の13分と昼休みを使うことをおすすめしていました。が、最近はテレワークの日には、場中にも相場が見られるようになりました。そこで、週数日のテレワークの日は、午前8時から10時30分までをデイトレタイムにして、その後は仕事に専念してはいかがでしょうか？「ながら」だとどっちつかずになるので、特にテレワークでは、デイトレと仕事の時間はキチンと分けたほうが良いです。

（ちなみに、テレワークがない人や、平日は忙しいという人は、1週間単位の週トレードをおすすめします。詳しい投資法は、姉妹書『週55分で、毎週5万円儲ける株』をご覧ください）

日経平均の70年

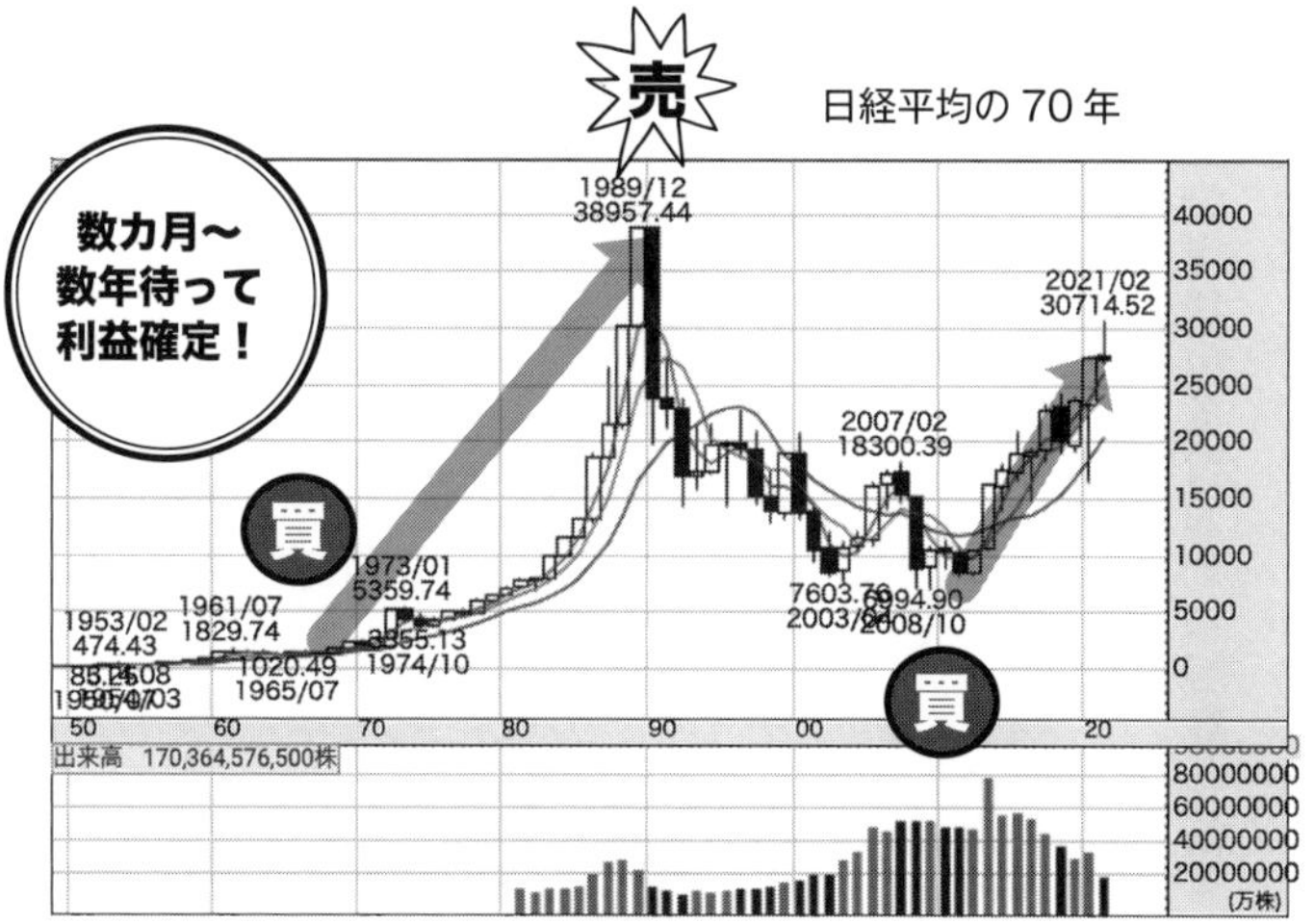

「株探」https://kabutan.jp

【4714】リソー教育

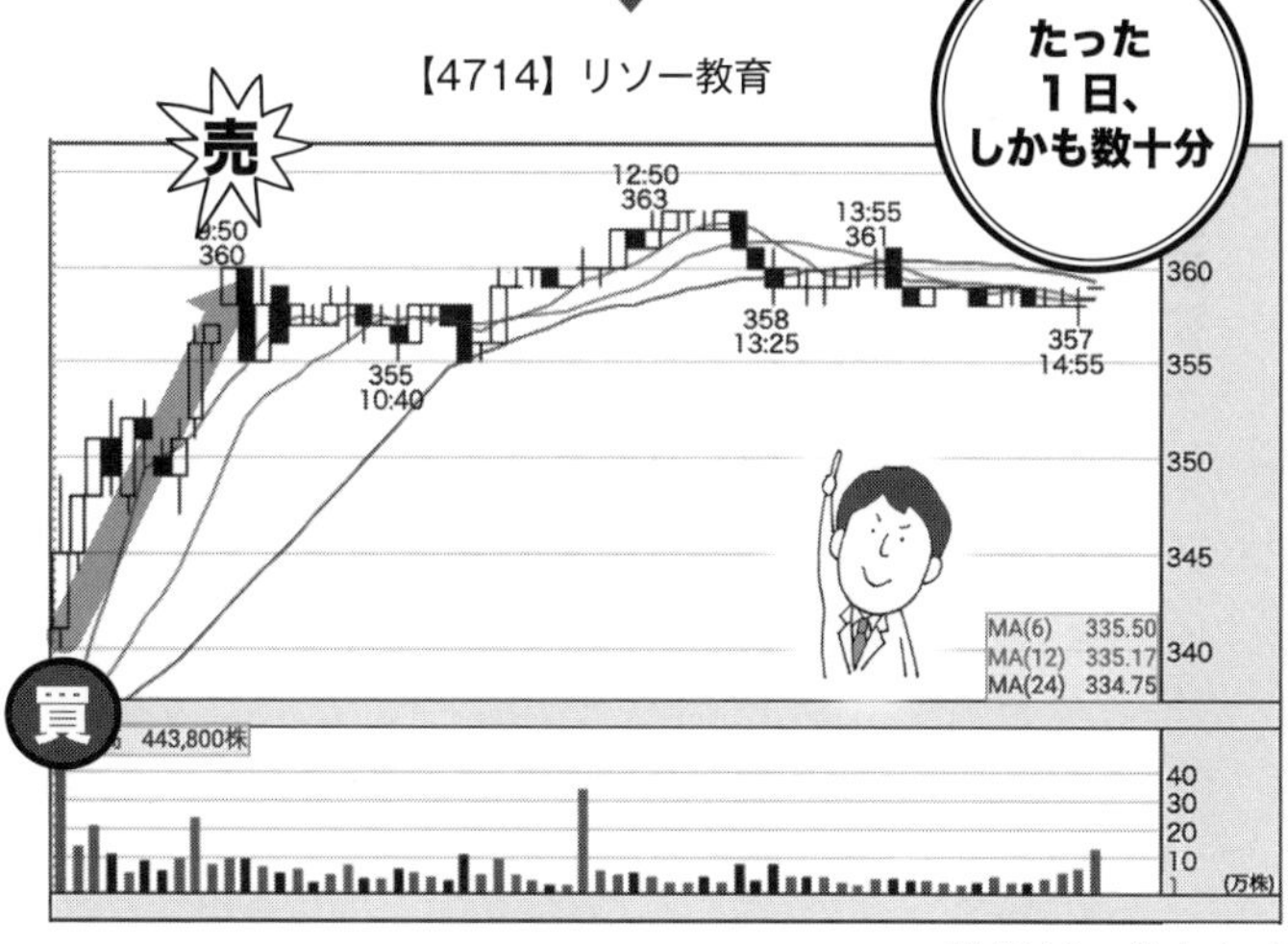

「株探」https://kabutan.jp

SNSの情報交換で初心者も学びやすい

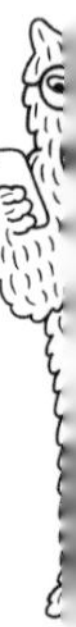

株式投資って難しいんとちゃうか？　大損したら怖いわ

初心者だとそんなふうに思うこともあるかもしれませんが、コロナ禍の影響もあって、ネットやＳＮＳの使われ方が、ものすごく変わってきたことも、**株式投資初心者にとって追い風**になってきています。

たとえば、**企業のＩＲ説明会や株主総会は、ずいぶんとネット上で行われるようになってきました。**それだけでなく、有名な**個人投資家やフリーのアナリストが、ＹｏｕＴｕｂｅやそのほかのＳＮＳで情報を発信するようにもなっています。**

実は私も２０２０年からＹｏｕＴｕｂｅｒデビューし、平日の夜10時頃～など、不定期で番組を配信しています。好評なのは、「みなさんからの質問に、なんでも答えますよ」というもの。かつては、こういう番組を配信してもスポンサーでもつかない限り、お金になりませんでしたが、今は、投げ銭の機能がついたので、収益になるんです。

情報とは本来、タダでは得られないもの。有益な情報を出せば収益化できるようになってきたのは、大きな変化だと思います。

それだけでなく、株式市場に関わる人たち全体がつながるようになったことも大きいです。**個人投資家同士、個人投資家と企業がSNSを通じてつながって、一方的に情報発信するだけでなく、聞きたいことが気軽に聞けるようになった**わけです。

情報収集の手段がいつも使っているツールで、気軽にできるようになったし、場所や時間にもとらわれなくなってきました。

それに、SNSには初心者の銘柄研究会のグループがけっこうな数できていて、お互いに情報交換、つまりお互いの注目銘柄を話し合っている様子を見かけるようになりました。銘柄研究のほかにも投資手法やIRの分析なんかをしているグループもあるようです。こういう動きを見ると、世の中が変わってきた感じがします。

強くなった個人投資家

もう1つ、「世の中が変わってきたなぁ」と感じるのは、**個人投資家が増えたことによって、大きな資金をもつ機関投資家に匹敵する存在になってきた**ことです。

それを象徴するのが、アメリカの「ゲームストップ株事件」。

個人投資家が極端に割安になっていたゲームストップという会社の株を買い集めた結果、株価が大きく値上がりしました。っていうのもゲームストップという会社は日本でいうとゲオのようなパッケージのゲームソフト販売の小売店チェーンの会社で、Webゲームが主流になって以来、ビジネスが減ってきているんです。

ですから本来は割安なのも当たり前。実態の伴わない割高なので、機関投資家（ヘッジ

ファンド）は「これはじきに、相当戻すだろう」と見込んで空売りしました。安値になったときに買い戻して差額で儲けを出すためです。

ところが、その思惑は見事に外れ、さらに個人投資家が買い上げて、ますます上がってしまい、１カ月で20倍以上にまで行ったんです。日本でいうと１０００億円の仕手株が２兆円くらいになったようなものです。

買ってたら大金持ちやん！　ほな、ファンドは大損ちゃうの？

そうです。結局、元のファンドは損をして買い戻しました。

これって、個人投資家が増えたことと、ＳＮＳを通じてお互いに情報交換できるようになったことが、すごく大きいと思うんですね。それと、仮想通貨のように異常な投機ができる市場が新たにできたんで、そういう感覚の投資家も増えたようにも思います。

これまでは私・藤本も、莫大な資金をもつ機関投資家に個人投資家は太刀打ちできないから、違うフィールドで勝負しようよ、って話してきました。プロ野球選手のなかに草野球のエースが混じってもとうてい勝てやしませんから、草野球のリーグでがんばろうって話です。

株式投資における草野球リーグは、新興市場でした。ここは8割が個人投資家で占められていたんです。機関投資家が投資をするには、時価総額が小さすぎるし情報も不足しているんで、個人投資家が勝負するにはもってこいだったんですね。

ところが、今は新興市場の4割を外国人投資家が占めています。外国人投資家というのは、個人投資家ではなく外国籍のファンドであることが多いです。そうなると、新興市場の株価の動きも変わってきます。特に時価総額500億円以上の銘柄は、東証一部のような動きになってきました。

こういう状況だと、銘柄選びにも注意が必要です。デイトレーダーの個人投資家なら、**できるだけ時価総額が小さい銘柄を選ぶ**ことで勝ちやすくなります。

(ちなみに、成長株投資でも、できるだけ小さい銘柄を選ぶのがコツです)

その代わり、昔よりも機関投資家の売買が以前よりも順張りになってきたんですね。もともと機関投資家は堅く儲ける方向を選ぶのであまり逆張りしなかったんですが、機関投資家は、アクティブ運用よりインデックス運用が増えたこともあり、今まで以上に割安株は買わないようになっています。

つまりは、上がれば買うし下がれば売る傾向がますます顕著になってきたんです。それで、いったん上がりかけたら「これ、上がりすぎなんちゃう？」という異常な高値になってもまだ上がるという状況になりやすいんです。

機関投資家がとことん順張りでいくなら、個人投資家は裏を読んで売買すれば良いと思いませんか？

へぇ、そんなこと素人でもできるんかいな？

できます。マザーズでいうと、時価総額100億円未満の会社をチェックしておき、株価が上がって時価総額が100億円を超えて、そこから300億円~500億円を超えそうかどうか見極めましょう。個人投資家の利食い売りを、機関投資家が買いまくって、更に上がる可能性が高いからです。

少し横道にそれますが、株式市場のプレイヤーを説明するために、機関投資家がアクティブ運用よりインデックス運用を選ぶようになった理由についてもお話ししておきましょう。

アクティブ運用というのは、銘柄を精査して絞って買い、タイミングを読んで売買し、大きく儲けようという運用法です。ただ、売買手数料もかかるので、かなり大きく儲けないとコスト高になってしまうし、手間もかかります。

一方、インデックス運用というのは、株価指数に連動して売買する方法で、上がれば買う、下がれば売る。だから、大きく儲けられるチャンスは下がりますが、手間は省けてほどほどには儲かります。

ところで、日本最大の資金をもつ機関投資家は誰だかわかりますか？

それは、日銀ＥＴＦです。東証時価総額の７～８％くらいを、ＥＴＦの資金が占めているんです。その額およそ45兆円。この45兆円を注ぎ込んでトピックス運用をしているから、順張り現象が起きるんですね。

それじゃ個人投資家も順張りすればええんちゃう？

確かに、その手もあります。

私は〝コバンザメ投資法〟と呼んでますが、投資信託と同じ手法なんで、初心者でも投信程度にはまぁまぁ儲けられます。ですが、時価総額が大きい会社も多く含まれているので、それなりの元手も必要です。

そして何より、デイトレには向いてない。1日13分で1万円は儲けられません。

なんでかっていうと、これ、良い会社を買う感覚がないからです。

良い会社の良いニュースで先読みして買えば、50万円の元手で1日1万円が現実のものです。でも、指数に合わせて右向け右だと、300万円を1年2年運用して、2カ月にせいぜい2万かそこらの儲け。

良い会社に投資して儲けられるって、夢があると思いませんか？

「信用取引無限回転」売買で
1日1万円儲ける！

さて、私・相場の福の神が〝信用取引によるデイトレ〟をおすすめするには、理由があります。

２０１３年1月の〝信用取引の証拠金規制緩和〟によって、〝信用取引〟を行う際に差し入れる、証拠金（担保）に関する規制が緩和されました。これによって、それまでは同じ証拠金を使って1日に1往復（買ってそれを売る、または信用売りをしてそれを買い戻して返却する）しか取引できなかったのが、取引を手じまって証拠金を手元に戻せば、再度取引ができるようになりました。

この規制緩和とデイトレ、なんか関係あるん？

めっちゃあるんです。信用取引の最低証拠金は、どの証券会社でも30万円と決まっています。そして、証拠金の3倍額まで、取引ができます。ということは、30万円の証拠金があれば、90万円まで買える、あるいは90万円分までの株券を借りられます。

2013年以前は、90万円買い、その日のうちに売ったら、証拠金はその日のうちに戻ってくるにもかかわらず、その日の取引は終了でした。

しかし今は、戻ってきた証拠金を使って、何度でも取引ができるようになりました。これが日本の個人投資家を変えたんですね。

つまり、1日に2往復の売買で、180万円分の取引ができるということになります。

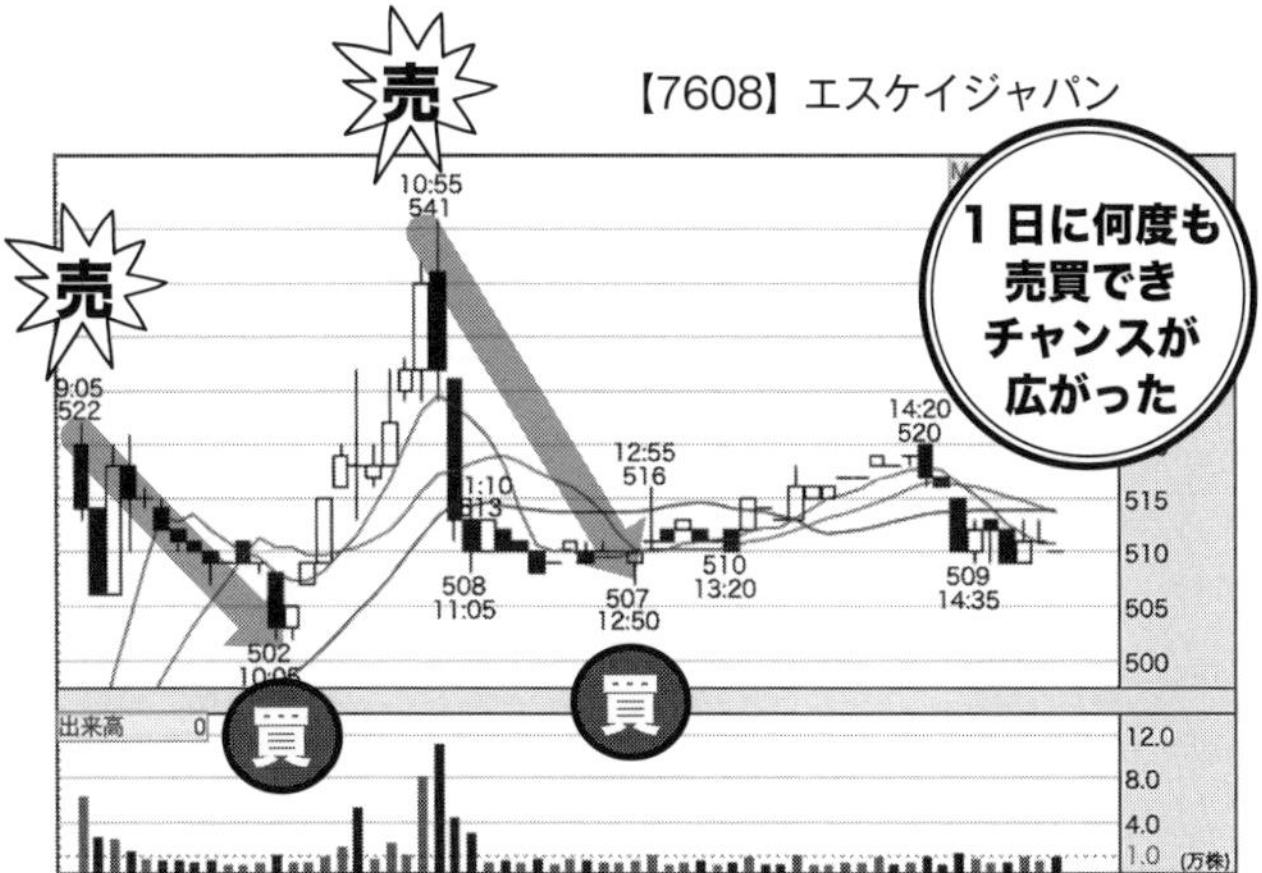

「株探」https://kabutan.jp

ちょっと欲張って3往復すれば、270万円、実に**証拠金の9倍額の取引ができてしまう**のです。もちろん、時間が許す限り、4往復、5往復と挑戦することも可能です。

これがつまり、証拠金30万円を無限に回転させて投資する〝信用取引無限回転〟なのです（この本では基本的に1日に1往復で完結する手法をおすすめしていますが、時として前日のうちに翌日の仕込みをしておくケースもあります。そうした場合にも、この〝信用取引無限回転〟は大変有効です）。

「30万円ならなんとか株式投資に使える」という方は、案外いらっしゃることでしょう。しかし、200万円を超えると、なかなか難しいのが現実です。でも、信用取引無限回転を使えば、**充分な元手を得ることができる**のです。

そうはいっても、90万円で儲かる銘柄なんて、あるん？

今は、全ての銘柄の売買単位が100株なので、投資金額は株価×100。今の日本の株式市場では、**100万円もの元手があれば、バラエティに富んだ銘柄を買うことができ**

ます。

本書では、少し背伸びをして50万円の証拠金を元手として用意することをおすすめしています（理由は後述します）。

50万円あれば、150万円の元手になりますから、たいていの銘柄を買うことができるでしょう。中には100株で数千円という銘柄もあります。**つまり、今や誰でも、どんな株でも買える時代になった**ということなのです。

そして、もう1つ朗報です。株を売買する際に証券会社に払う手数料がネット証券では、爆安になったんです。

たとえばSBI証券の場合には、1日の約定金額が最大300万円までは、手数料がゼロです。なお、この300万円の内訳は、一般信用取引100万円、制度信用取引100万円、現物取引100万円です。ということは、投資額50万円ならば、**コストはほぼ無料**といっても良いでしょう。SBI証券だけではありません。手数料の引き下げは、他の証券会社も追随しています。

そう、**デイトレのコストが低くなった**ということなのです。

空売り規制の緩和で株は「高く売って、安く買い戻す」に

さて、もう1つ本書にとって重要な規制緩和がありました。

それは、**〝空売り規制の緩和〟**です。

それ以前は、信用取引のうち〝空売り〟に関しては〝価格規制〟がありました。

これは、簡単にいえば急激に下がり始めた株の空売りはダメ！　という規制で、全ての銘柄に対して適用されていました。

しかし、２０１３年11月以降は、下落を加速させる引き金になりそうな要因をはらんだ銘柄以外は、こうした価格規制がなくなったのです。

この〝空売り規制の緩和〟によってできるようになった取引こそ、

「高値が崩れ始めたら空売りする」

というテクニックなのです。

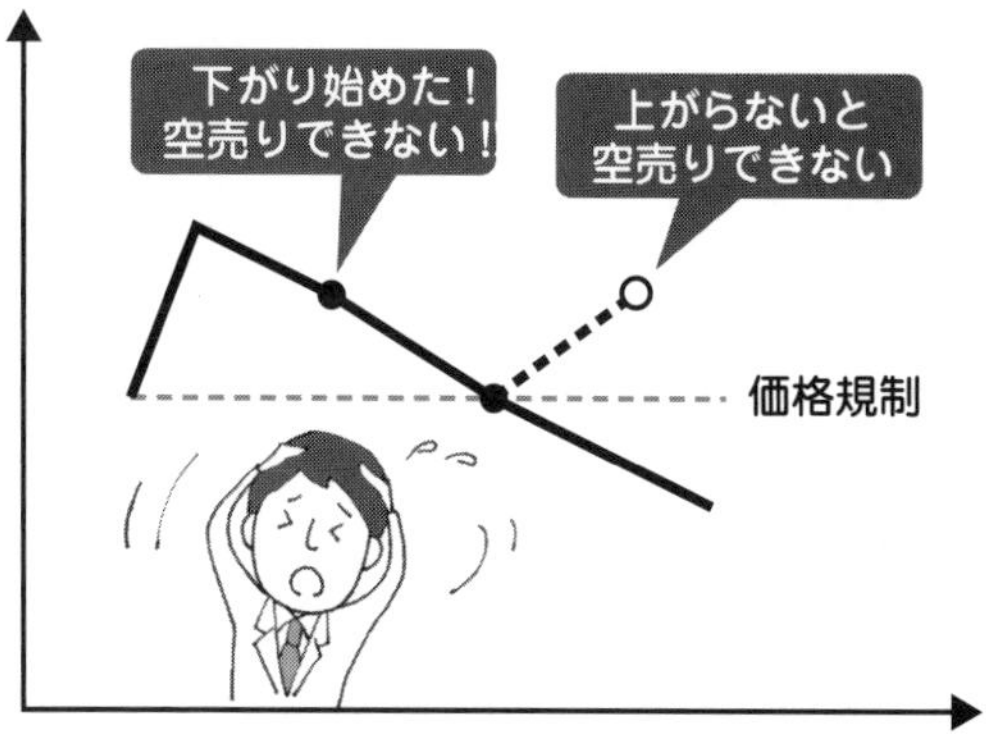

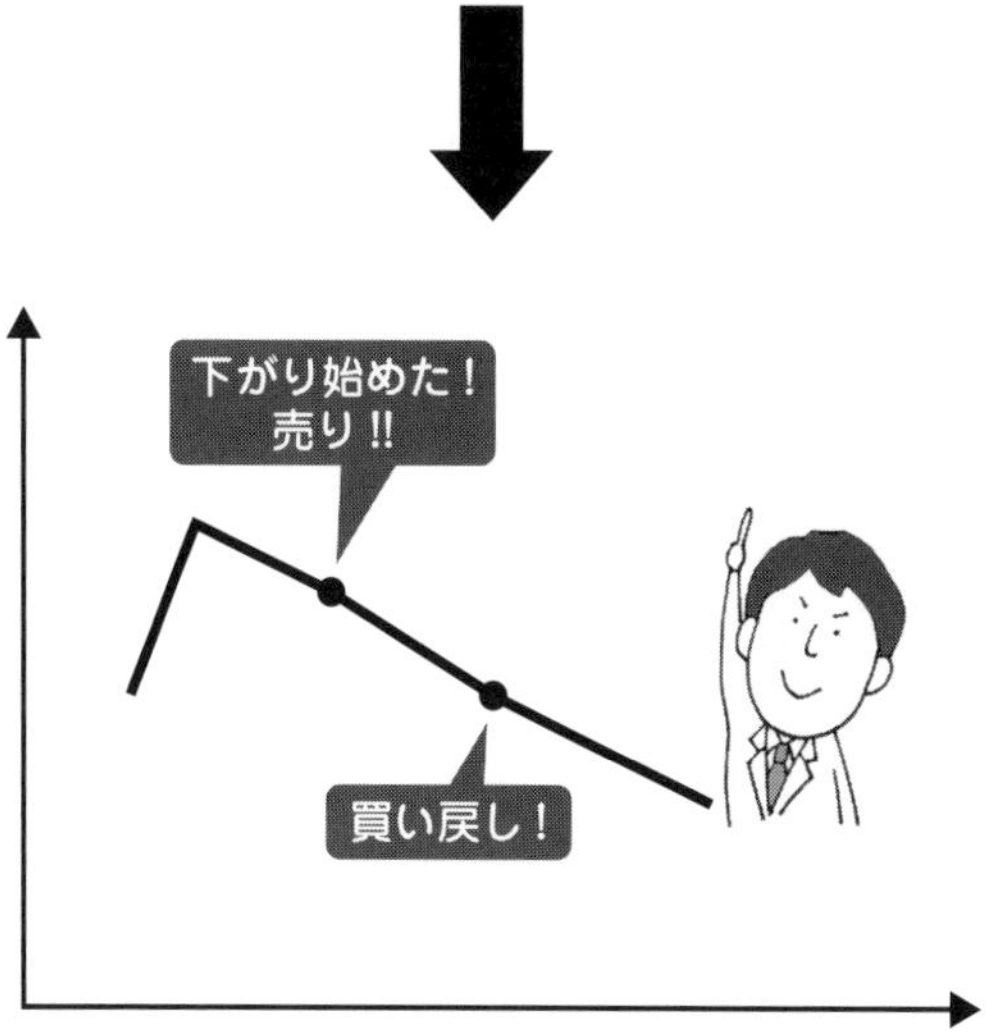

普通、株価が上がっているときは、どこまで値上がりするかは誰にもわかりません。**株価が少し下がり始めてきて、ようやく「ああ、さっきのが天井やったんや」と、みんな気づく**のです。

つまり、天井がわかるのは常に、天井を通り過ぎてから。規制緩和前は、下がり始めてからの空売りができなかったため、信用取引を使えるのは上がっている間だけでした。しかし、いつ天井に届くかわからないのですから、最大限の利益をとって取引するというのは、至難の業でした。

しかし、規制が緩和された今なら、**下がり始める気配が見えたらすぐに空売りすれば、ほぼ天井に近いところで約定することができます。**そして、こうした下落場面での空売りこそ、これからのデイトレに欠かせない必勝法となるのです。

ところで、株価の値動きを示すチャートを見ると、おもしろいことがわかります。

上昇、下落を繰り返しながらも、**上昇の足は短く、下落の足は長い**のです。

これは、銘柄を問わず、たいていのチャートに共通する傾向です。なぜなら、投資家共通の心理が関係しているからです。

〝世界大恐慌〟〝ブラック・マンデー〟〝リーマンショック〟……

こうした出来事を、『歴史的な暴落』と呼ぶことはご存知でしょう。その反対の『歴史的な暴騰』という言葉を、みなさんは聞いたことがありますか？

バブルはあっても、暴騰に関しては、ないはずです（しかも、バブルは後に必ず暴落します）。


なぜ、すさまじい暴落はあっても、すさまじい暴騰はないのか。それは、株価が上昇する際の原動力となるのは、

「儲けたい」

「今買わないと、明日はもっと上がるんちゃうか？」

という『欲』だからです。そしてこの『欲』は、株式を買ったとたんに『恐怖』に変わります。

「**せっかく買ったこの株式の値は、下がってしまうんちゃうか**」

という、損をすることに対する『恐怖』です。

ですから、下落相場は圧倒的な『恐怖』に支配されています。

「今売っとかんと、明日はもっと下がってまう！」

「損したない！」

「利益が減ったらあかん！」

という差し迫った『恐怖』があるので、値が下がり始めたとたんに、いち早く逃げ出そうとする投資家が売りに殺到し、株価はグングン下落するのです。

こうした現象を表す相場格言に〝三日天井、底百日〟というものがあります。つまり、**〝安く買って高くなるのを待って売る〟取引では、儲かる期間はかなり短い**といえそうです。儲かるチャンスが少なければ、勝率も悪くなることでしょう。

日経平均がグングン上がり続けるような、右肩上がりの成長期であれば、長期投資で保有し続けて、『インカムゲイン』とともに大きく育った『キャピタルゲイン』を得るのも良いでしょう。もちろん、銘柄によっては、今後右肩上がりに成長するものもあります。たとえば、後でも述べますが、新規公開株などはその好例です。

とはいえ、少子高齢化に突入した日本経済においては、〝三日天井、底百日〟のほうが、リアリティがあります。

日経半歩
先読み術
実例

寄付き飛びつき高値づかみにご注意を

2021/6/10　日本経済新聞　朝刊１面

キユーピー、代替卵

国内初　大豆原料、肉以外に

キユーピーは卵を使わない「卵商品」を開発した。大豆を原料とするスクランブルエッグの代替品を国内で6月下旬に売り出す。消費者の健康・環境志向を背景に、植物由来の「代替卵」需要が高まると判断した。肉が先行した代替食で消費者の選択肢が広がる。

国内の食品メーカーで代替卵の商品を販売するのは初めて。まず業務用としてホテルや飲食店に売る。価格は従来の業務用スクランブルエッグの約3倍。一般向け商品も検討する。海外では米スタートアップのイート・ジャスト（カリフォルニア州）が植物由来の代替卵を商品化している。

健康意識の高まりで肉などの動物性成分を口にしない人が国内でも増えている。家畜の飼育には大量の飼料や水を使うため、環境への影響を懸念する人も肉や卵を敬遠する傾向がある。卵アレルギーを持つ人の需要も見込む。

キユーピーは国内生産の鶏卵の約1割を調達する最大需要家。代替卵の商品化後も卵の使用量は当面変わらず、鶏卵市況への影響は限られるとの見方がある。

2021年6月10日の日本経済新聞朝刊１面に【2809】キユーピーが、代替卵の開発に成功したという記事が掲載されていました。

世の中には卵アレルギーの人が一定数いらっしゃって、特に卵アレルギーのお子さんがいるご家庭では、食事でいろいろと苦労しています。ですから、アレルギー物質を含まない代替卵ができるというのは、誰もがわかる好材料ですよね。

このニュースが6月10日の朝刊に出たので、その日キユーピーの寄付きは前日終値より50円高くなりました。ところが、引けたら（終値では）、寄付きよりも安くなったんです。

だから、このニュースにとびついて寄付きで買った人は、値下がりにやられちゃってます。

引きで安くなったのは、なぜでしょう？

代替卵の開発成功にはインパクトがありますが、「この商品を買うのは、卵アレルギーの人やその家族だけなんちゃうか？」という気がしませんか？　つまり、需要はそれほど大きくない。しかも、卵は食材としては安い部類に入ります。ですから価格を抑えるために安い代替卵を買う人もほぼいないでしょう。

この１面トップ好材料では、買いポジションをとると、短期的には高値づかみの可能性があります。そこで、売りポジションをとる、つまり空売りして買い戻す戦略ならば、確実に儲けがとれました。

飛び乗るデイトレから、半歩先読みのデイトレ新時代に

さて、今の時代、デイトレ＋〝信用取引無限回転〟を使って、

「少ない資金でもうまいこと運用していける」

ということは、わかりました。


とはいうものの、忙しい会社員や主婦・主夫のみなさんが、1日中板情報やチャートとにらめっこしながらトレードするわけにはいきません。

比較的時間に余裕のある個人投資家の方でも、モニターを眺め続けるのは、ある意味体力勝負。目も腰も痛くなるし、そうそう長続きできません。


それなのにデイトレードは可能なのでしょうか？

もちろん、可能です。ずっとパソコンに張り付いていなくても大丈夫。

毎日の投資時間は、朝13分に夜17分と、トイレ程度の休憩のちょっとした時間。
それが今のデイトレなのです。

そんなん、本当にできるん？

デイトレって、特殊な技術もっとるトレーダーしかできないんちゃう？

それを可能にするのが、相場の福の神・藤本が得意とする〝半歩先読み術〟です。
私は30年以上もの間、金融業界で相場を見てきましたが、その経験から、**少し先の値動きを充分予想できる**ことがわかっています。

相場の福の神やからわかるんやろ？

そう思われそうですが、実のところこの先読み術は、**仕組みさえわかれば誰でも使えるもの**です。もちろん、この本をお読みになっているみなさんも、すぐに実行できるのです。

さて、能書きはこれくらいにして、先読み術をどう活用するのかをお話ししましょう。

おおまかにいうと、次の7つのステップで、この先読み術によるデイトレは完成します。

①基本的な先読み術を、本書を読んで頭に入れる

②毎晩、17分で反省と研究をし、翌日の戦略を練る

③毎朝、13分で情報収集をする

④寄付き前に注文を入れておく

⑤約定したら、すぐに損切りのための注文を入れ、利食うためのアラートを設定する

⑥その日のうちに手じまいする

⑦週末には1週間のトレードを反省し、翌週の戦略を考える

そして、**50万円を元手に、1日1万円を稼ぎだしていこう**という目標を掲げています。

1日わずか30分あまりで、それだけの利益を出せる理由は、前日のうちに投資金額を決め、動きそうな業種や銘柄に狙いを定めておくことにあります。

あらかじめ決めた作戦に基づいて取引をするので、その場その場で対応しなくても良い。だから、所要時間は短時間で済むというわけです。

どんな銘柄が動きやすいん?

損をしない買い方ってあるん?

情報は何を見たらええの?

1日1万円儲けるには、どんな買い方したらええの?

2章から、そうした疑問に、順番にお答えしていきたいと思います。
それでは、「朝13分、夜17分で毎日1万円」、楽しく儲けていきましょう!

デイトレで毎日特訓できますよ

さて、この本では短期投資、つまりデイトレをおすすめしています。

実戦体験の少ない初心者ほど、デイトレで練習を重ねると効果が表れやすいと、私・藤本は考えています。

というのも、デイトレなら1日単位の取引なので、すぐに結果が出ます。その日に動く銘柄を考えて、投資して、その日のうちに手じまいして、プラスかマイナスかの結果を出してしまう。すると毎日練習できて、毎日反省できます。サイクルが短いので、慣れやすいんです。

スポーツでも筋トレでも語学の修得でも、月に一度ガッツリ練習するよりは、毎日短時間でも良いからコツコツ練習を続けるほうが、実力アップにつながりやすいでしょう。

株式投資だって、まったく同じなんですね。

だから、初心者ほど短いタームで、毎日少しずつ練習するほうが、上達するんです。

リターンはそう大きくなくても、**回数を重ねることで、少ない利益をコツコツ積み上げる**。損しても儲け比率（全体の儲け額）のほうが大きければ、トータルでは勝ちですしね。

株も野球も、
日々の練習がモノを言います

それに、デイトレはリスク**軽減の効果**もあります。
引けまでに売ってしまえば、値下がりしたとしても、せいぜいストップ安までの損でなんとかなります。何日も持ってしまったら、どこまで下がり続けるか、わかったもんじゃありません。

あともう1つの忘れちゃならない効果は、**夜、ぐっすりと眠れること。**

え、うち、寝付きはめっちゃええで

株式投資を始めたら、そうも言っていられませんよ。
というのも、**世界の相場のトレンドは、ニューヨークから動き始めます。**だから、リーマンショックもブラック・マンデーも、ニューヨークから始まりました。ニューヨークの昼間、日本の夜に、相場は動き始めるんです。

なので、夜のニュースでニューヨークの異変を知ってしまったとき、手持ちの銘柄があったら、朝イチの対策を、「あーするか？　いやいやこーするほうが良いか？」

なんて考えて、ドキドキして眠れなくなっちゃいます。

でも、夜のうちに、相場環境が激変しても、手持ちの株じゃなくて現金で持っていれば、そんなに大変なことにはならないでしょ。

「今日のうちに売っちゃって良かったなー、明日まで持ち続け

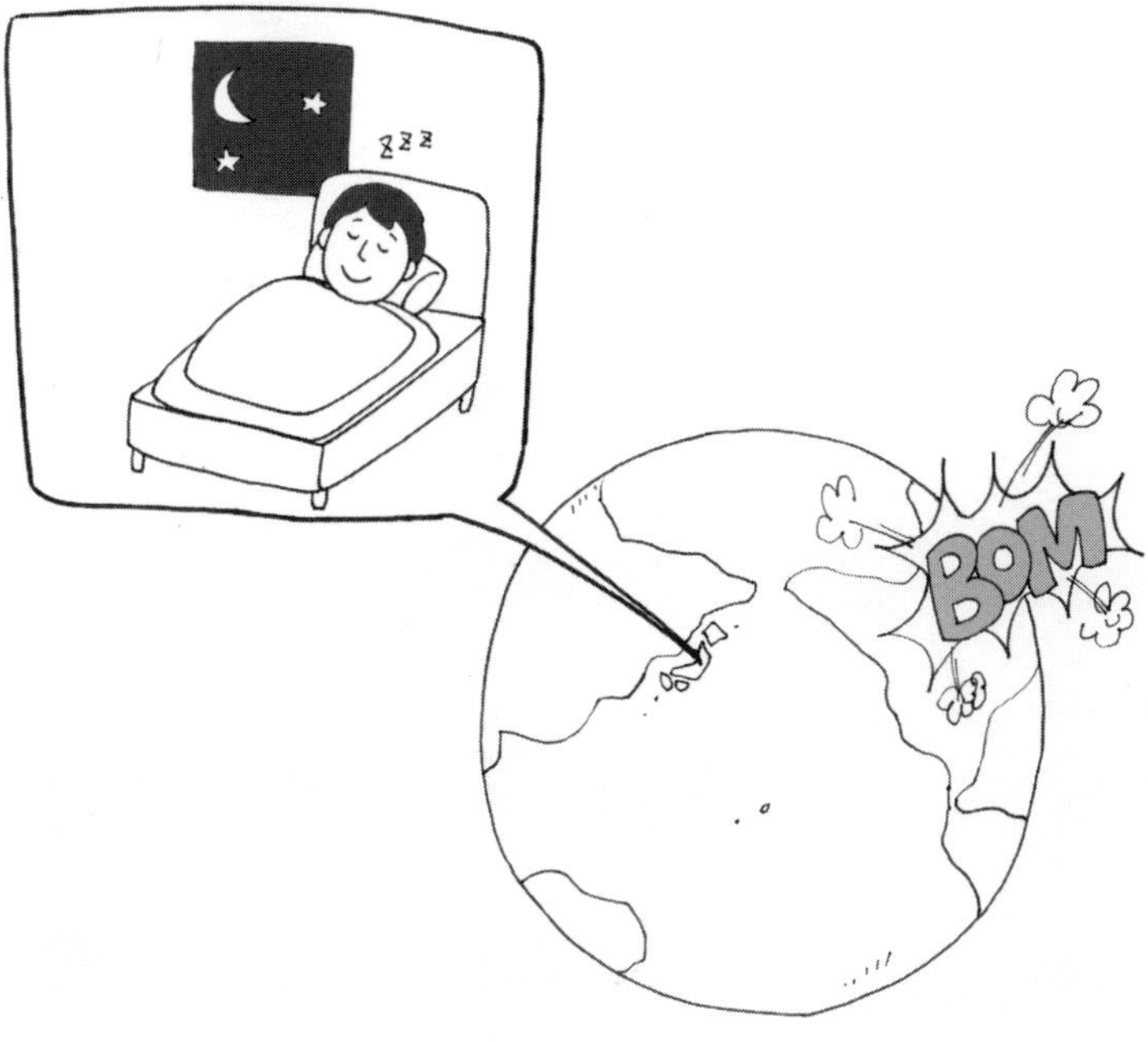

てたら大変だった」

と思って、枕を高くして眠れるはずです。

逆に、日本の昼間、場中に倒産する会社はレア。

仕事中に、

「さっき買ったあの会社つぶれたらどないしょ」

とドキドキしても、だいたい杞憂に終わります。ま、逆指値注文を入れておけば、暴落しても途中で逃げることができますしね（詳しくは3章で！）。

だから、**その日の発注は、その日に手じまう。**

これが、初心者にとっては最適なリスク回避であり、仕事に集中できる環境整備にもなるわけです。

2章

1日1万円儲けるベースキャンプ作り

準備するのは50万円ポッキリ

投資環境をどのように整えるべきか、ここからはそんな話をしていきましょう。

投資をするとなったら、まずは資金ですよね。いくら用意するか。


さっき、1万円でも買える銘柄あるって書いとったやん！


確かに、1万円でも買えます。

でも、この本のスタンスは、「1日1万円儲ける」。

それには、最低限、いくら必要だと思いますか？

仮に1万円の投資だったら、1万円儲けるには、最低でも株価が倍にならなければダメ。

そんな暴騰はありませんから、1日で儲けるのは、とてもじゃないけれど、ムリ。

逆に1000万円投資すれば、1000円の株が1001円になるだけで、1万円儲かるわけです。1日どころか、1時間でも充分ですね。

でも、それだけ資金があったら、何も苦労はしません。

というわけで、ごく普通の庶民の臨時収入やヘソクリの範囲で現実的な、最低限の投資金額はいくらなのでしょうか。


デイトレでは50万円ポッキリあれば、充分。


私・相場の福の神はそう考えています。理由もハッキリしています。

50万円あると、信用取引を使えば150万円の取引ができるからです。

話は少しそれますが、この本では簡単な計算がたびたび出てきます。

「1万円儲けるために、1000万円の資金があれば、100・1%に値上がりするだけで＋1万円。1万円の資金だったら、200％に値上がりしなければならない」なんて具合です。ちょっと面倒に感じるかもしれませんが、スマホの電卓アプリでも使いながら、ぜひ一緒に考えてみてください。

1つの数字を細かく考える習慣は、株式投資では本当に重要なんです。そこが、損と得の分かれ道になることもあるからです。

でも、心配しないでください。

使うのは、足し算、引き算、かけ算、割り算だけ。つまり小学生にもできる計算です。

さて、話を戻しましょう。なぜ藤本は50万円あれば充分だと考えるのか。それは、信用取引には、最低30万円の証拠金が必要だからです。

それなら、30万円ポッキリでええんちゃう？

そう考えたいところですが、30万円ぎりぎりで取引したとき、たとえばちょっと損して、

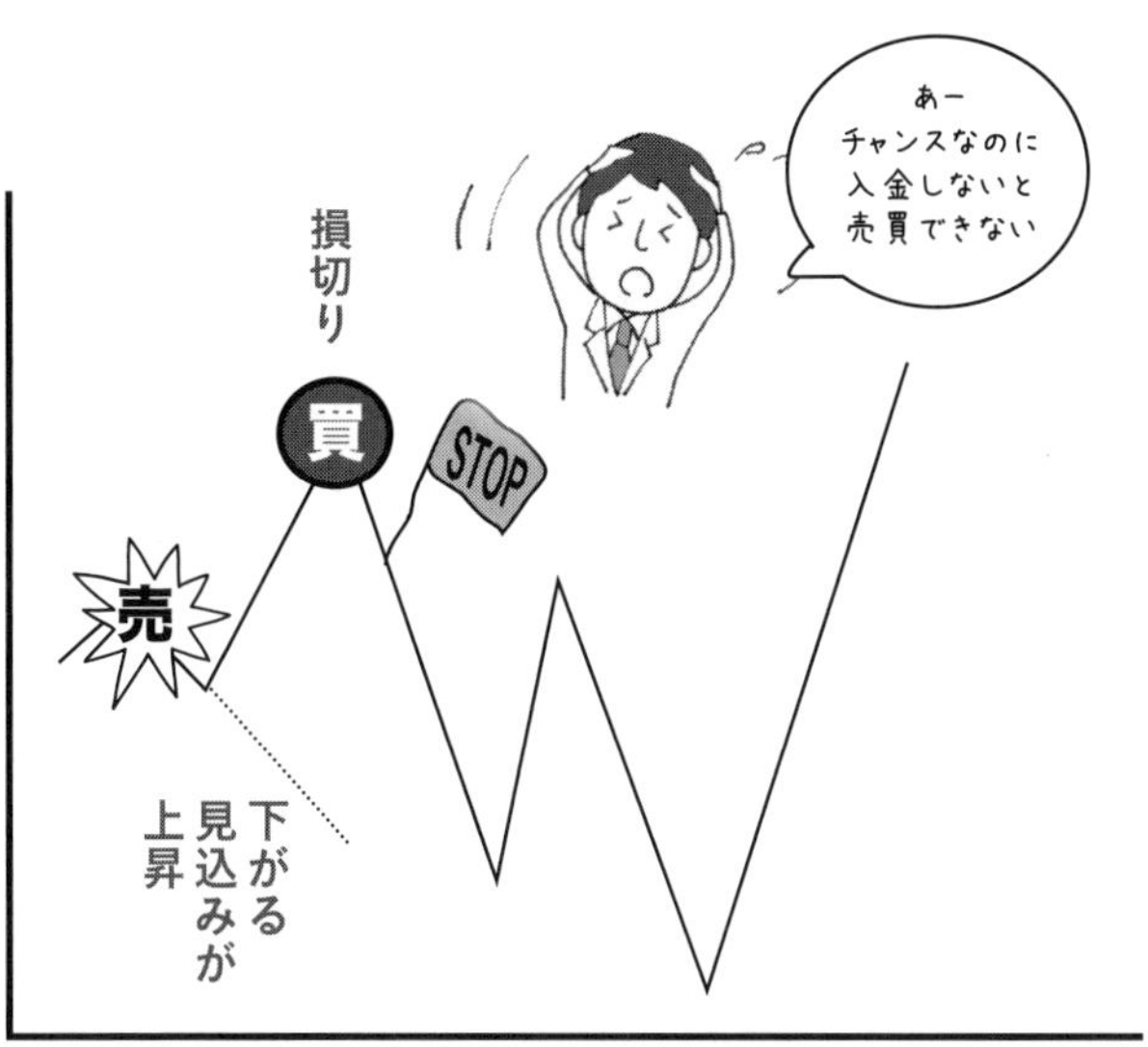

資金が29万円に目減りすることもあります。すると30万円未満になった瞬間から、信用取引ができなくなっちゃうんです。

そのたびごとに追加で1万円ずつ入金するのもばかばかしいし、入金するたびに負けた気がして、投資そのものが楽しくなくなっちゃうかもしれません。

なので、あらかじめ余裕を見て、50万円入れておくと安心というわけです。

また、50万円あると、50万円を担保に信用取引を行えば、レバレッジを2倍かけて取引したとき、100万円分の投資ができます。レバレッジを最高倍率の3倍にすれば、150万円まで、取引ができるのです。もちろん、最初はリスクをおさえて、50万円のままでも良い。

でも慣れてきたら、

「この銘柄は絶対上がるのに、資金が120万円必要！」

ということも出てきます。そういうときに、チャンスを逃さずに投資できる。そのためにも、50万円はあったほうが良いだろう、と私は考えます。


逆にいえば、デイトレでは50万円以上の資金は、さほど必要ではないともいえます。

というのも、流動性が高くなければ、デイトレでは利益を出しにくいからです。

直近の出来高が少ないような銘柄は、何百万円も投資すると、動きにくくなってしまう。

すると、その日のうちに売り買いできない、つまり手じまいできません。

「買ったら最後、なかなか全部は売り切れない」

ということになっちゃったら、売れるまでの何日間かは投資ができなくなりますからね。

あまり大きな額を1つの銘柄にかけるのは、デイトレではけっこう難しいのです。

その点、50万円くらいの投資額なら、どんな銘柄でもだいたい1日でなんとかなります。

では、50万円の証拠金があれば、どんな銘柄が買えるのでしょうか。

２０１４年１月からＮＩＳＡの制度が始まり、年間投資額１００万円までの利益にかかる税金が免除されることになったため、取得価格を引き下げる企業が増えました。

ということは、信用取引で最大３倍まで使えば、50万円の原資で買える銘柄は非常に豊富だ、といえます。

逆にいえば、１５０万円用意しても買えない銘柄は、ごくわずかということです。

東証上場全 3763 銘柄

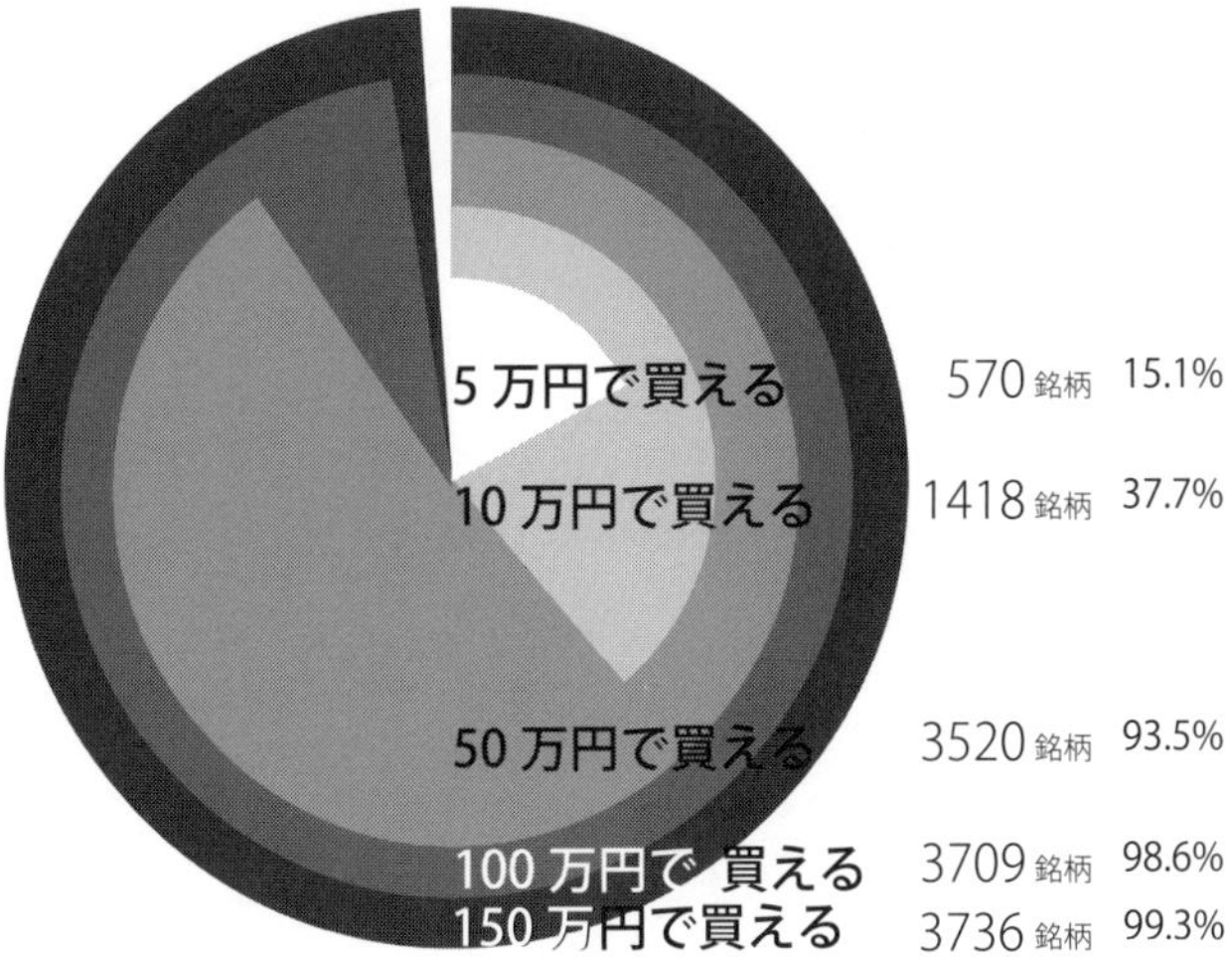

50 万円あれば、99% の銘柄で売買できる

もちろん、ネット口座は持ってますよね？

さて、次に必要なのは、取引口座です。
株式投資の経験があるみなさんは、すでに口座をお持ちのことと思いますが、もちろん、ネット口座ですよね？

ちゃうちゃう、電話で注文出してんで！

という方は、さすがにもうほとんどいらっしゃらないでしょうが（というか、昔はそうだったんです）、まだ**ネット口座を開いていないのであれば、必ず開いてください。**
というのも、ネット口座を持つか否かは、コストの問題でもあるからです。

ネット口座の取引手数料は、次の表を見てもわかるように、全体的に抑えめです。

証券会社別手数料比較

		50万円の国内株現物取引の場合		100万円の国内株現物取引の場合	
		1回単位	1日定額制	1回単位	1日定額制
SBI証券		¥275	¥0	¥535	¥0
auカブコム証券		¥275	¥0	¥535	¥0
マネックス証券		¥495	¥550	¥1,100	¥550
野村證券	ネット	¥524	---	¥1,048	---
	電話	¥4,505	---	¥7,648	---
SMBC日興証券	ネット	¥440	---	¥880	---
	電話	¥2,337	---	¥2,337	---
大和証券	ネット	¥1,897	¥3,300	¥3,795	¥3,300
	電話	¥4,427	---	¥8,855	---

証券会社は、手数料のほか、取扱商品、PTS取引の有無、サイトやアプリの操作性などをチェックして、好みの会社を選べばOK！

デイトレは毎日の売買で儲けを出そうとする投資なので、手数料が高いと、大きなコスト損となってしまいます。

しかも、ネット証券口座がないと、コスト損よりもっと悪いことがあります。それは、**電話だと、逆指値注文が出せないことです。**

実をいうと、逆指値注文は、相場の福の神も一番に頼りにしている、ありがたーい魔除けのお札です。株式投資の生命線といっても良いでしょう。なので、いくら福の神が必勝法を授けたとしても、逆指値注文ができなければ、パワーは半減か、あるいはそれ以下になってしまいます。ですから、ネット証券口座は絶対に必要なのです。

また、ネット証券口座を開くことには、さまざまなおまけの効果があります。それは、**証券会社のＷｅｂサイトや顧客ページにある、有益な情報**です。主なものだけでも、

・ニュース配信

・市況情報
・会社情報

がありますし、さらに、こうした情報を、自分の好きなキーワードで検索できるサービスなどが揃っていますから、ぜひ、有効活用したいものです。

また、ニュースや市況については、Ｗｅｂサイトで見る以外にも、メールマガジンなどを発行している場合もあります。こちらも必要に応じて利用すると良いでしょう。ちなみに私は、こうしたメールマガジンを専用のフォルダに蓄積しておいて、データファイルとして使っています。メルマガそのものを毎日読むのではなく、後日の予想に使うのです。

本書を読んで初めてネット口座を開く方もいるかと思いますので、ここで口座の開き方も説明しちゃいましょう。

証券会社の口座の開き方は、だいたいどこも同じようなものなので、ここでは、ＳＢＩ証券のサイトで説明します。

（1）まず、現物口座を開きます。

ネット上で名前などを入力すれば、その場で口座を開く手続きが進みます。その後、本人確認の必要がありますので、ここは〝本人限定郵便〟で受け取るか、書類を同封するかを選びます。

また、もしまだＮＩＳＡの口座を作っていないなら、同時に申し込みできるので、ついでに開いちゃうと便利です。そして、ＮＩＳＡ口座のほうは、1年くらいの長期投資に使ってください。

「SBI 証券」https://www.sbisec.co.jp

（2）資金50万円を準備して、自分の口座に振り込みます。

SBI証券の場合、株式取引の口座を開くとき、同時に『住信SBIネット銀行』の口座を開いておくと、SBIハイブリッド預金（預り金自動スイープサービス）を使えば自動でお金を移してくれます。

普通預金の金利のほうも、メガバンクよりはちょいと高めでお得です。

| SBI SBI証券 | | |

銘柄名・コード・キーワード | 株価検索 | サイト内検索　よくあるご質問　お問い合わせ　サイトマップ

□ポートフォリオ　□取引　□口座管理　□入出金・振替　□ログアウト

🏠 マーケット｜国内株式｜外国株式 海外ETF｜投信｜債券｜FX｜先物 オプション｜CFD eワラント｜金・銀 プラチナ｜NISA つみたてNISA｜iDeCo 即時 確定拠出年金｜銀行｜保険

住信(即時)　口座(外貨建)　口座(NISA)　口座(ロボアド)　トータルリターン　テーマ履歴　取引履歴　お客さま情報 設定・変更　電子交付書面

2021-07-21 13:14:03

サマリー｜保有証券｜信用建玉｜買付余力｜信用預り力｜代用有価証券｜貸株｜ST

買付余力

メッセージボックス
● 重要なお知らせ
● 当社からのお知らせ
国内株式約定のお知らせ

買付余力

受渡日	買付余力
21/07/27 (火)	500,000円
21/07/28 (水)	500,000円
21/07/29 (木)	500,000円

●買付余力は取引内容、商品受渡日毎に算出されます。（投資信託の受渡日は各ファンド毎に異なります。）

精算予定一覧表

受渡日	21/07/21(当日)	21/07/26(1営業日後)	21/07/27(2営業日後)	21/07/28(3営業日後)	21/07/29(4営業日後)	21/07/30(5営業日以降〜)
現金残高等	500,000	500,000	500,000	500,000	500,000	500,000
入金額	0	0	0	0	0	0
支払額	0	0	0	0	0	0
未約定質注文額	0	0	0	0	0	0
出金・振替拘束額	0	0	0	0	0	0
受取額	0	0	0	0	0	0
受取額（日計り分）	0	0	0	0	0	0
残高合計額	500,000	500,000	500,000	500,000	500,000	500,000
必要精算額	0	0	0	0	0	0
買付余力	500,000	500,000	500,000	500,000	500,000	500,000

お取引・口座開設
NISA つみたてNISA　開設
信用取引　開設
FX　取引
外国株式　取引
先物・オプション　開設
CFD(くりっく株365)　開設
金・プラチナ　開設
eワラント　申込
ジュニアNISA (未成年口座)　開設

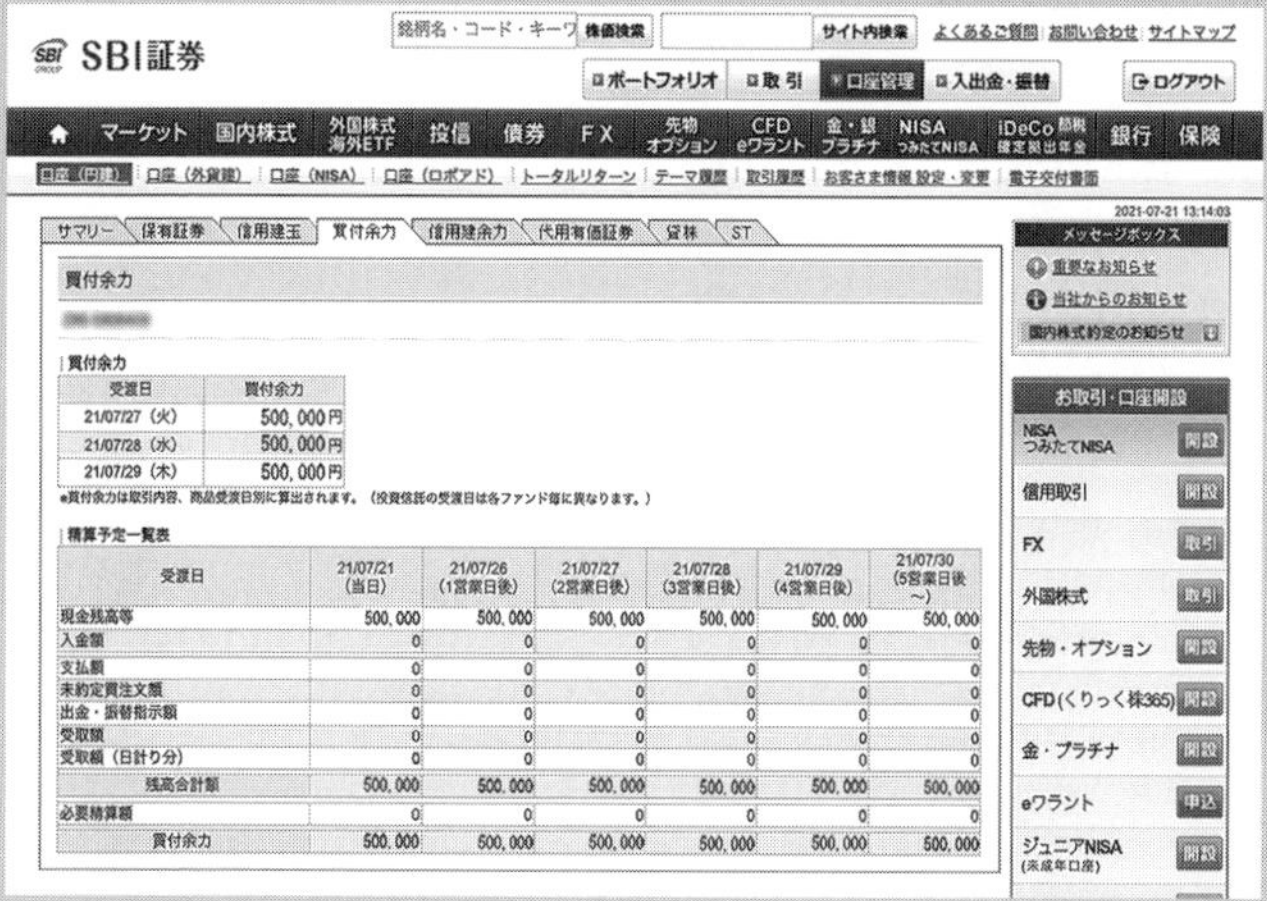

「SBI証券」https://www.sbisec.co.jp

初心者ほど、信用取引口座が必要です

もう1つ、ネット証券口座を持ったら、一緒に開いてほしい口座があります。それが、信用取引口座です。

なぜなら、信用取引口座の有無が、「1日1万円儲けられるか、それともしょぼしょぼか」の分かれ道になるからです。

この本の読者の中には、

> 株式投資の経験はあるけど、ちーっとも儲かってへん

という方がいるはずです。

儲けがとれない人は、読みが甘いだけじゃない、しょぼしょぼしかとれない「買い方」をしているからなんです。

あなたは、買い＝上昇トレンドの銘柄しか見ていないのではありませんか？

そんな一方通行の買い方では、いつまで経っても、株式投資ビギナーから抜け出せませんよ。

1章でもお話しした通り、今は、〝株は上がる一方〟という時代ではありません。下がることも多いんです。そして値下がりしたときにも利益をとる方法がある。

そのために必要な武器が、**信用取引**です。

信用取引には、自分の所持金額以上買えるメリットがありますが、そのことは福の神の投資術では、絶対的な要素ではないんです。

もっと大事なことは、**値下がりのときに利益をとる**、つまり売りで儲けるには、信用取引でなければいけないということです。

また、株の上げ下げとデイトレがどう関係するかという話をすると、上げよりも下げのほうが、価格の動きが早いんです。

1日であっという間に暴落するのも、珍しくない。

デイトレでは、1日に最低1回は売りと買いの一往復をして、利益をとりたいもの。だから、**売買スピードの面でも、先に売って買い戻すほうが、利益をとりやすい**のです。

あとね、株価が上がっているときは、どこまで値上がりするかは、ほとんど誰にもわかりませんよね。株価が少し下がり始めて戻す気配もなくなってきて、ようやく、

「ああ、さっきのが天井やったんや」

と、みんな気づく、つまり、**天井がわかるのは常に、天井を通り過ぎてから。**

でも下がり始める気配が見えたらすぐに売却すれば、ほぼ天井に近いところで空売りすることができます。

そして、こうした下落場面での空売りこそ、〝信用取引無限回転〟のデイトレに欠かせない必勝法となるのです。

◎信用取引口座の開き方

証券会社に現物口座ができたら、ログイン後に信用取引口座の申し込みをします。画面の表示通りに進めばOKです。

「充分な金融資産や証券知識があること」「株式の投資経験があること」等の審査に通れば、口座開設できます。

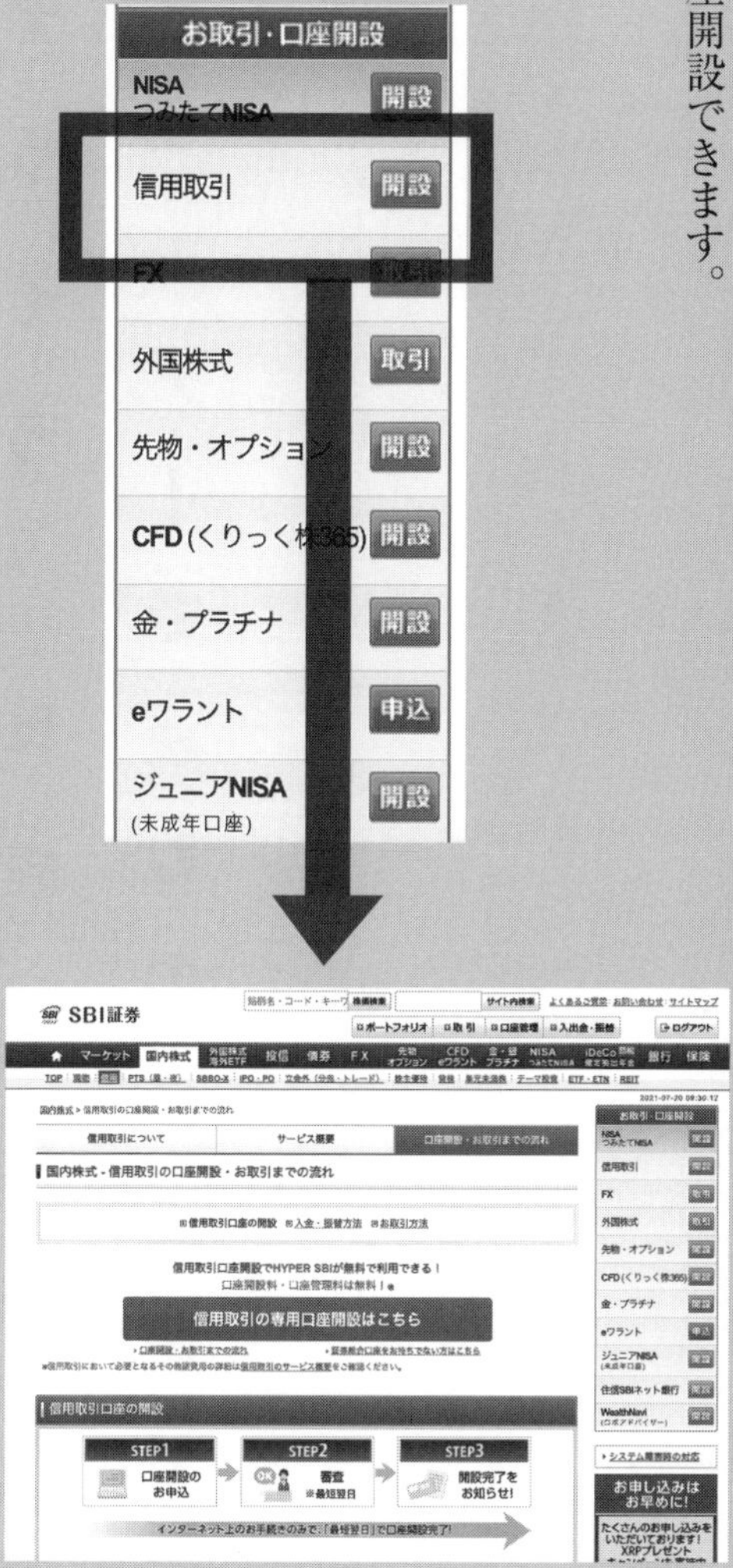

「SBI証券」https://www.sbisec.co.jp

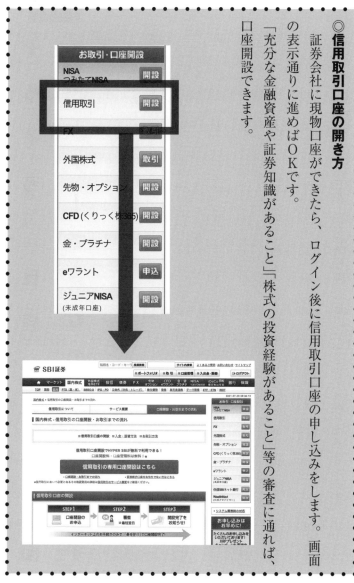

そうそう、日経は紙か紙面ビューアーで読むのが大切です

資金も用意した、取引口座も用意した、次に用意すべきものは？

そう、情報です。

今どき、たいていのニュースはネットで読めますが、用意すべきは、紙の日経新聞か、日経新聞電子版の紙面ビューアーです。


えー、ネットの情報で良いんちゃう？ タダやし

そうはいっても、本当は情報って、タダじゃないんですよ。それをタダで読もうというのはムシの良い話。お金を出して得る情報には、ちゃーんと意味があるんです。

何しろ、ネットのポータルサイトのニュースとは、情報量が違う。特に一番違うのは、〝見出しの大きさ〟という情報です。

そんなアナログな！

そんなこと言わないでくださいよ。

〝見出しの大きさ〟というのは、マーケットの関係者に与える影響の大きさの大小でもあるんです。

影響が大きければ、当然、値動きにも関係してきますよね？

実をいえば、藤本はいまだに、日経新聞のスクラップを作っています。いわば、〝相場の福の神のネタ帳〟です。過去の出来事を振り返るときに大いに役立つんですが、見るとき、やっぱり重視するのは見出し。キーワードも探しやすいですしね。もっとも、紙の切り貼りはだいぶ前に卒業して、今はアプリを使っていますが。

また、日経新聞は一面だけではなくて、中面にもちゃんと目を通してくださいね。もっとも、朝の忙しい時間に見るわけですから、**全部に目を通すのは見出しだけでOK。**気になった記事があれば、ちゃんと本文も読んで、銘柄探しにつなげてください。

もう1つ、日経新聞だけだと偏るので、ブルームバーグとロイターの情報にも目を通しておきたい。

でも、個人で契約すると高いし、ここは**情報の偏りをなくすのが目的**なので、無料で見られるブルームバーグのHPでメルマガを登録しておくのが良いと思います。各ニュース記事の冒頭に、申し込みページのリンクがあります。(https://www.bloomberg.co.jp/)登録しておくと、平日は「本日の5本」という注目ニュースがメルマガでやってくるんですね。これ、日経との違いを見極めるうえで、端的にまとまってですごく良いなと思っているんです。

情報収集は時間をかければ良いってもんじゃなくて、短時間で引っ掛かるニュースをサッととる**スピード感が大事。**世界中のニュースを丁寧に読んでいくとそれだけで1日が終わってしまうので、必要な情報をキャッチできるようになりましょう。

あと、この10年ですっごく変わったのが、1章でもお話しした動画、YouTubeの情報です。

最近はものすごくいろいろな人が株式情報を発信していますし、藤本もやっています。これはぜひ参考にしてほしいですね。

ただし、YouTubeの内容に関しては、良いの悪いのいろいろあるので、取捨選択をしたり、自分で判断したりというのが大事。個人投資家が間違ったことを言い張っているケースもあるので、**鵜呑みにしないというのを前提に見る**ようにしましょう。

でも、こういうこと言ってる人もいる、というのを知っておくのは大事です。なので、ながら聞きするくらいがちょうどええんちゃうかなと思います。1・5倍速とか2倍速で聞いても良いかもしれません。

さらっと聞いて引っかかったこと、短時間でひらめいたものが、日々の取引では大事なんです。

急がば回れ、勉強こそが必勝の近道です

ここで1つお話ししておきたいのは、「株式投資は、勉強して練習した人が勝つ」ということです。

でも株式投資YouTuberの話だと、もっと簡単そうやけど?

確かに、そういう状況はあるんです。
というのも、この10年ちょっとの間に株式投資を始めた人には、トラウマがないんですよね。
大人になってからバブル崩壊で日経平均がダダ下がりしたトラウマがある人は、リーマ

ンショックでもやられていて、警戒心があります。安くなって、「これから上がるやろ！」と思って買った銘柄が、さらにどん底に落ちたりしてますからね。警戒心はマックスです。

でも、安倍さんのアベノミクス以降は、多少の横ばいや、コロナによる下落があっても、その後半年で株価は戻っています。逆に、アベノミクス以降に株式市場に参加した若い人たちには、「コロナで下がったところを買っておいたら戻してきて儲かった」という人のほうが多いです。

この10数年は、「下がったところを買えば儲かった」ということばっかり。アメリカでもそう。ナスダックは新高値を更新し続けちゃっています。

つまり、投資家としては儲けやすいのが今なんです。

そんなら、勉強、いらんやん。

勉強しなくても儲かるからこそ、勉強はしましょう。

なぜなら、ちょっと勉強すると、勉強していない人との差がついて、もっと儲かるんです。みんなが賢かったら儲からない。だから、勉強した者が儲かる。

あなたは、カモになりますか？

それともカモにしますか？


それともう1つ。

今、市場に参加している投資家の年齢層が下がっています。それで、YouTubeを見て勉強している人が増えています。コロナ禍以降は、テレワークでさらに増えた印象です。家にいればパソコンやタブレットでトレードしやすいですしね。

だから、昔のごくごくスタンダードな投資のセオリーやテクニカルの手法を、本を読んで勉強している人は減っているんです。


で、無料で誰でも見られるYouTubeの情報の中には、個人の主観が強い情報や、間違った情報もあるということです。本当のことを言っているとは限らないんです。私から見ても無責任な情報が、YouTubeの配信にはありますよ。そんな情報、信じちゃいます？　でも、けっこうみんな、信じちゃうんですよね。

でも、この本を含めて出版社から出ていて有料で買ってもらう本には、責任があります。セオリーは個人の主観によるところもありますが、著者だけでなく編集者をはじめ複数の人たちが事実を検証しているし、間違いがないようにと確認して出版しています。

どっちの情報を元に勉強するほうが自分のためになるのか、ってことなんですね。

勉強をするっていうのは一見、遠回りのようだけど、やっぱり儲けるのにムシの良い近道なんてないと思いますよ。

ただし、むやみに辛い勉強はしなくて良いと思います。

毎朝13分の投資法は、効率よく株式投資を勉強する方法でもあるんです。

パソコン、ネット、表計算アプリがあればキホンOK!

次に用意するものは、パソコン・タブレット・スマホとネット環境です。

これがなければ、いくらネット証券口座があったって、取引できません。**インターネットができてメールが受信できれば機能としては大丈夫**なんですが、やっぱり**タブレット以上の大きさの画面が見やすい**と思います。

ネット環境は、今はだいぶ整っているので、無線LANでもポケットwi-fiでも良いと思います。ただし、テザリングではなく使い放題のほうがおすすめです。というのも、動画を見てると、ものすごいギガ数になっちゃうからです。取引中は良いとして、朝晩は大容量対策をした環境でネットが使えることが大事です。

あ、いくらテレワークだからって、会社のパソコンは使っちゃダメですよ！

会社のパソコンは、在宅勤務中でも業務以外に使うのはよくありません。ばれなければ良いだろう、なんて考えも、もってのほかです。


というのも、会社のパソコンを使っていたら、業務中も頭が株のほうへ行っちゃって、仕事に集中できなくなっちゃいますからね。

家には会社のパソコンしかないというなら、自分のスマホやタブレットを使いましょう。

パソコン、タブレット、スマホには、証券会社の株式取引アプリのほかに、表計算アプリを入れといてください。

むずかしい表計算をしましょう、ってことじゃありません。後でお伝えする、〝運用チェックシート〟をつけるのに使います。ですから、フリーソフトでもかまいませんよ。


P126〝運用チェックシート〟は、こちらからダウンロードできます

スマホには取引アプリを必ず入れておこう

自宅にパソコンがあるという人も、デイトレをするなら、**スマホには各証券会社が出している取引用のアプリを必ずインストール**しておきましょう。

アプリを使えばどこにいてもすぐに注文できるし、株価もチェックしやすいというメリットがあります。今、株式取引をするなら、一番便利なツールといっても良いんじゃないでしょうか。

アプリをダウンロードしたら、開いておいた口座にログインしてみましょう。そして、株価の見方などを研究しておきましょう。

アプリでも、移動平均線などのチャート関連が見られるので、とても便利です。ちょっとした時間を有効活用できますよ。

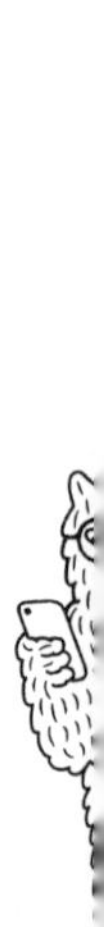

ちなみに、これからスマホを新しくしようという人は、アンドロイドとiPhoneのどっちが取引に向いているのかな、と悩むかもしれません。これは、**画面の大きさで選ぶ**というのが正解。単純に、〝見やすいから〟という理由で画面が大きいほうを選べば良いと思います。

余裕があれば、タブレット端末を用意しても良いですよね。チャートを見るとなったら、できるだけ画面が大きいほうが見やすくて良いですから。

この本のデイトレは、そこまで張り付いてチャートを見る投資法ではないですが、昼休みや、場中に時間の余裕があるときには、やっぱりチャートもきちんと見られるほうが良いですしね。

スマホを使うと、パソコンよりも通信環境に左右されるのはご愛嬌。〝仕方ない〟とあきらめましょう。

でも、この本の投資法は、反射神経で売買するデイトレではないので、まぁ大丈夫です。

それよりも、証券会社以外からもいろいろなアプリが出ていますから、そうした便利なツールを使うメリットを重視することにしましょう。

そうそう、証券会社からのメールは、必ずいつでもモバイル機器で受け取れるようにしておきましょう。くれぐれも、受け取り拒否にならないように、迷惑メール設定から外しておくことも忘れずに。

そして、忙しいみなさんも、約定メールやアラートメールの着信があったときだけは、即チェックをしましょう。

なお、チェック後のアクションについては、7章で詳しくお話しします。

3章

福の神式
半歩先読み・
思考術

『半歩先読み術』って何？

いよいよ本書の本題、相場の福の神の『半歩先読み術』を授けるとしましょう。

先読みとは、**世の中の動きから、値動きしそうな銘柄を探すこと。**

そしてここが肝心なのですが、一歩先ではダメ。

半歩、つまり**世の中の大部分の投資家よりほんの少しだけ、先に気づく**ことが大事なのです。

なぜなら、投資した資金をムダなく回転させるには、投資したらすぐに値が動いて、できるだけスピーディに利食える（差益を得る）ことが必要不可欠だからです。

そうはいっても、未来に起こることはタイムマシンが完成するか予知能力があるか、そんなことでもない限り、誰にもわからないわけです。

そらそうや！　ほな、どうやって先の動きを読むん？
まさかエスパーになろうっちゅうんやないやろな？

そんな簡単にエスパーになれるんだったら、私だって、とっくになってます。それに、みんながエスパーになってしまったら、相場は大混乱です。

そうではなくて、考え方の訓練をするんです。

予知はできなくても、予想は誰にでもできますからね。今わかっていることを材料にして、この先何が起こるかを予想する。それが先読み術の極意です。

なぜそれで成功できるのか、理由ははっきりしています。

株式市場というのは、過去に起こった動きを何度も繰り返すからです。

まさに〝歴史は繰り返す〟。過去の出来事を知っていれば、今起こっていることから、この先何が起こりそうかが予想できます。そして、これがまたけっこうな確率で当たる。

なので、あるニュースが入ったら、

「**この手のニュースって、過去になかったっけ？**」と考える。この思考のクセが大事なんですね。過去に学べば、未来がわかるというもんです。

えー、それやったら歴史のベンキョせなあかんの？　苦手やし。

あ、その心配はご無用です。これは、あくまでも思考のクセ。考え方の問題。だから、事例を研究さえしておけば、歴史年表のように全部頭に入れていなくたって、全然問題ありません。特に今の時代は、ネットで検索すれば、なんでもすぐにわかりますからね。

ただ、相場が過去と同じような動きを繰り返すパターンは、いくつかあります。

その**パターンをどれだけ知っているか**は、大事です。過去を知っていればいるほど、手持ちのカードが増えるんですね。そして、事例を研究していれば、資金50万円の個人投資家だって、2勝1敗あたり、**だいたい勝率6割前後を狙うことができます。**

本書でも代表的な事例をご紹介していきますが、まだ藤本が気づいていないものも、たくさんあると思います。また、経済環境の変化によって、新しい事例もどんどん増えてきていると思います。

基本的な考え方がわかったら、ぜひあなたも新たなパターンを探してみてください。

ところでちょっと話はそれますが、勝率6割を狙えると書きましたが、半歩先読み術で勝つには、**実は勝率は関係ありません。**

大事なのは、

「**トータルでいくら儲けたか**」。

1勝3敗だろうが1勝4敗だろうが、トータルで儲けになっていれば、勝ちです。5勝1敗だって、毎回5000円ずつの儲けで、1回でドカンと10万円負けたら話になりません。トータルで儲けをとるための方法も、後で詳しくお話ししますが、

「**大事なのは勝率ではなく、トータルの儲け**」

ということは、しっかりと頭に入れておいてくださいね。

先読み術に話を戻します。

たとえば毎年夏が近づくたびに、猛暑になるかどうかを気にする投資家がいます。なぜなら、**猛暑と予想されると必ず上がる銘柄がある**からです。

その1つが、【2268】B－Rサーティワンアイスクリーム。だいたい、猛暑と予想された年の5月6月あたりに高値をつけています。

「猛暑に関する銘柄は？」

と考えたとき、一番に誰もが思いつくのはアイスクリームやビール関連の銘柄でしょう。

アイスといえばよく話題になる赤城乳業の『ガリガリ君』を思い浮かべますが、残念ながら上場していません。一方、大手の製菓会社では、アイスの部門売上は、会社全体の売上の大部分を占めていません。

となると、純粋に猛暑で値上がりする〝アイスクリー

【2268】B－Rサーティワン アイスクリーム

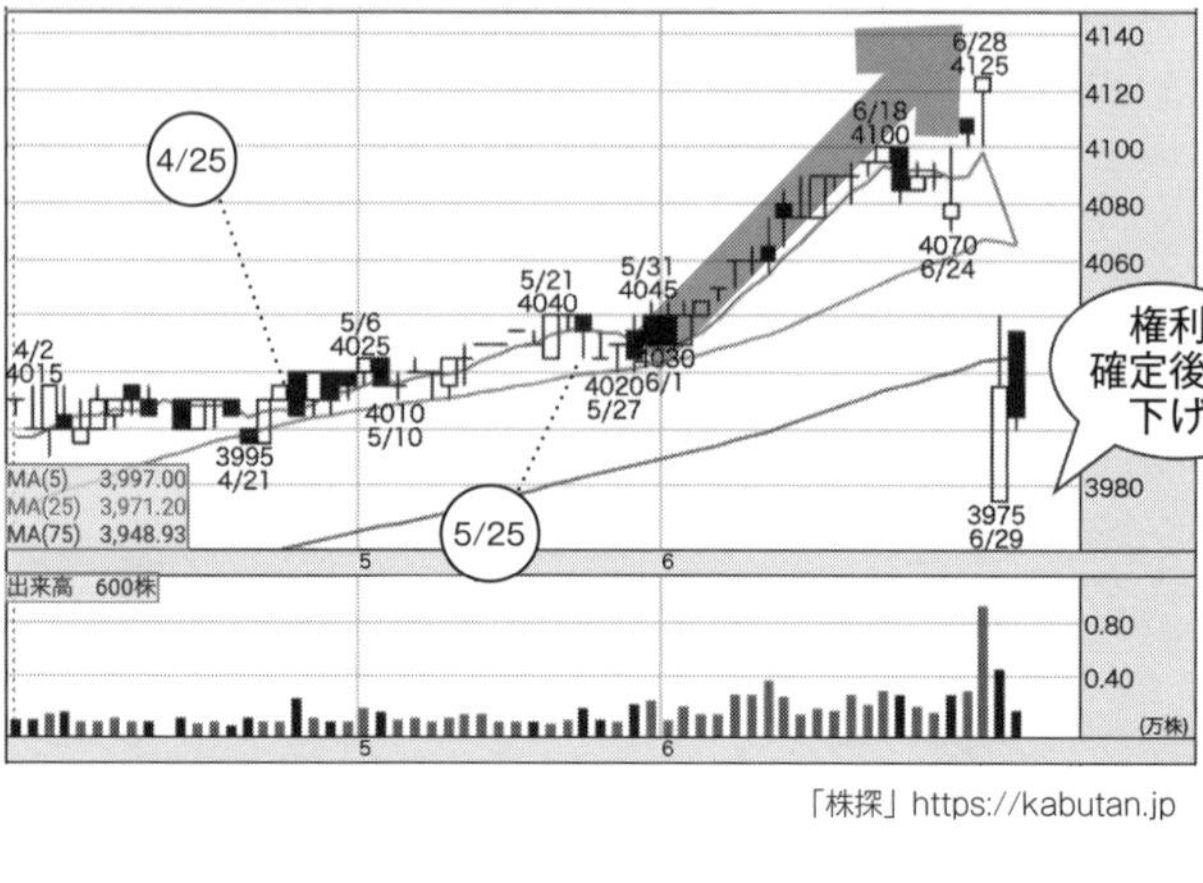

「株探」https://kabutan.jp

ム銘柄〞は、サーティワンになるんですね。しかも6月末に株主優待の権利がつきますので、その前の5月～6月に非常に買われやすくなるのです。２０１９年も２０２０年も、6月22日過ぎに高値をつけているサーティワン。この傾向は、実に10年以上、変わっていないのです。

さて、猛暑銘柄をデイトレで取引して儲けるにはどうしたら良いのでしょうか？
それには、**毎月25日14時に気象庁から出される長期予報**に注目するのが一番です。25日14時過ぎに気象庁のホームページで発表され、テレビの夜のニュースでも報道されます。

が、日経新聞に掲載されるのは朝刊。つまり翌朝の朝刊の内容を、その日の場中に知ることができるんです。

基本的にこの本では、その日のうちに手じまうことを推奨していますが、気候関連ネタは、25日14時に発表されたらすぐに仕込んで、翌朝の寄付きを見て、利食うか損切りするかを判断するのが、先読み術としては正解。

実は、後場でこうした発表が行われ、翌朝の朝刊に載る定番ニュースは、ごく限られているんです。デイトレを主戦場にするみなさんも、月に一度くらいは一晩越す売買をするのも良いのではないでしょうか。

ちなみにサーティワンの株主優待では、毎年6月末と12月末にアイスクリームと交換できる株主優待券（500円分×2枚～）がもらえます。が、**株主優待はあえて捨てるのが本書のトレードの基本です。**

なぜならば、**株主優待目当てで買われる銘柄は、権利確定日前に値上がりし、権利確定後に値下がりする**からです。

株主優待の権利を放棄して値上がりしたときに株を売る。そうすれば、売買益でアイスクリームに限らず、好きなものを買えますからね。

サーティワンの買い方はわかった。

そやけど、猛暑銘柄っちゅうのは、サーティワンしかないん？

そう突っ込まれると思って、ご用意していました。サーティワンとともに注目してほしいのは、2021年4月にジャスダックに上場したばかりの、【7698】アイスコです。この銘柄で注目すべき点は、本書の刊行時点で、2021年夏の履歴しかないことです。というわけで、2022年以降、新たなアイスクリーム銘柄として人気が高まるかもしれないのです。

で、猛暑銘柄としてはどないなん?

この銘柄がおもしろいのは、今でこそスーパーマーケットの運営もやっていますが、もともとはアイスクリーム屋からスタートしていて、今でもフローズン事業部門があることです。

で、この部門では、アイスクリームおよび市販用冷凍食品の卸売りをしているんです。しかも、アイスクリームを作っているのではなく、運んでいるんですね。

猛暑銘柄として注目すべきなのは、冷凍食品やアイス専用の物流会社ならではの、チルド製品運搬のノウハウがあること。チルドって、溶けちゃったら商品価値はゼロになってしまうわけだから、このノウハウのあるなしはけっこう重要です。

猛暑でアイスの需要が増えたら、当然儲かるんちゃうか、とみんな考えるでしょ？

この、**「みんな思うよね」っていうことが、「今年は猛暑です」というニュースを受けて株価が瞬発的に上がるためには、重要**なんです。

そのあたりは次の項で詳しくお話しするので、ひとまず「みんな思うよねが大事」ということを覚えておいてください。

さて、アイスコのチャートを見てみましょうか。

4月8日の上場初値で最高値をつけてから下がりましたが、6月に入ってから再び上がり始めて8日に2152円になっていますね。その後、またじりじりと下がってきています。

２０２１年の5月下旬の関東地方はけっこう涼しかったんですが、6月になったら急に夏らしい日が増え、梅雨入りも遅かったんですね。それで、「夏といえば……アイスコ？」という具合に上がり、一通り利食ったところで落ち着いたのではないかと想像できます。

２０２２年以降は、銘柄の知名度も上がって、「猛暑といえばアイスコ」という連想も働きやすくなるかもしれません。これから先が楽しみな銘柄です。

【7698】アイスコ

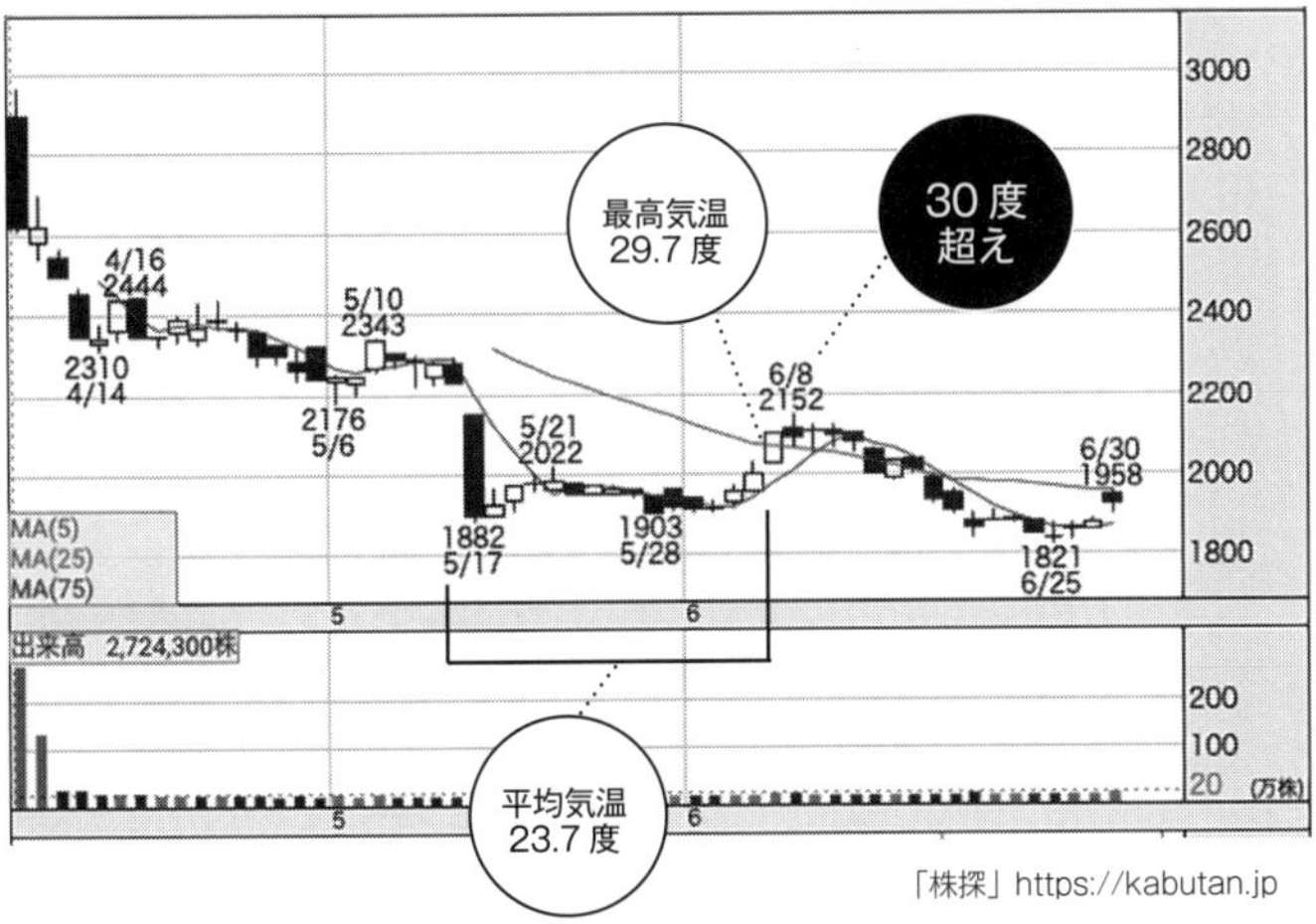

「株探」https://kabutan.jp

みんなが買えば上がり、みんなが売れば下がります

だから、みんなが見ている情報が重要です

さて、先読み術を会得するには、その大前提を知っていなければなりません。

「株は、みんなが買えば値上がりし、みんなが売ると値下がりする」

こんなに当たり前のことなんですが、何年も株式投資をやっているのにイマイチ稼ぎが悪いという人は、ちゃんと考えたことがないのかもしれません。

そもそも投資をやってうまくいかない人は、

①良い情報を得ていない（基礎知識が足りない）か、

②情報に対する判断の仕方がまずい（練習が足りない）か、

③損切りが下手。

だいたいこの3つの中のどれかが原因じゃないかと思います。

まずは①の「情報」。

2章で、資金、口座の次に用意していただいたのが、日経新聞でした。それはなぜだと思いますか？

株のこと詳しく載ってるからちゃうん？

まぁ、それも間違っていませんが、正しくは「**株式投資をする人が、一番よく読んでいる新聞だから**」なんです。

詳しく載っていても、誰も読まない情報には、価値がありません。

なぜなら、株は、みんなが買うと値上がりするから。

どんなに良いニュースがあっても、誰も知らなかったら、値上がりしません。だって、そのニュースを知らない人には、その銘柄を買う動機がないんですから！

それって、逆に「みんなが知ってるニュースが大事」ってことちゃうか？

はい、大正解！

みんなが見ている新聞で、みんなが気づくように載っているニュース。これを他の人と同じように見ていることが、先読みするうえでは大事なのです。

ところが、失敗する人は、「これ、俺しか知らん情報やねんで！」という**マニアックなニュース・希少性のあるニュースに価値がある、と勘違いしてしまう**んですね。

いやいやいやいやいや、そのニュースを知ってるっていうのは確かにスゴイけど、残念ながら、ずっと秘密のニュースには、価値ないです。

いつかみんなも知ることになるニュースなら、価値があります。みんなが気づく直前に資金を投入して買い、みんなが気づいて値上がりしたら売れば良いんです。

しかしたいてい、みんなが気づくまでにけっこう時間がかかる。買ったは良いけど、なかなか上がらない。業を煮やして売って、だいぶ経った頃にようやく値上がりしだす。うーん、悔しい……。企業研究に熱心な個人投資家にありがちな失敗です。

とはいえ、みんなが同じニュースを読んだら、一斉スタートになってしまって、自分が買えないうちに高値がついてしまう。だからこそ、必要なのが半歩先読みなんです。

「この銘柄に良いニュースがあったから、株価も上がるんちゃうか」

これは、先読みではありません。みんなとまったく同じスタートラインです。

「この銘柄に良いニュースがあったから、〝遅れて〟こっちの別の銘柄も上がるんちゃうか」

「こういう良いニュースがあったけど、銘柄が出ていないから、〝あとで〟みんな『コレが該当銘柄や！』って気づくんちゃうか」

「このニュースで株価上がるやろうけど、〝あとで〟元の値に戻るんやろうな」

この**〝遅れて〟〝あとで〟を見つけることが、半歩先読みです。**

でも、みんなが気づいてくれなければ、この半歩リードにはまったく意味がない。だから、「みんなが読んでる日経新聞を読もう！」というのがミソなのです。

2勝1敗で良しとする。全勝を目指すとつぶれます

さて、前項で負け原因はたいてい、「情報が悪い」「判断が悪い」「損切りが下手」のどれかだと書きました。

でも、何を勝ちとし、何を負けとするか、そのことについて考えたことはありますか？

実をいうと、株式投資においては「これが勝ち」「これが負け」というのは、なかなか決めにくいんです。

この章の最初のほうでも書きましたが、相場の福の神的には、1日のトレードでプラスになったか（勝ち）、マイナスになったか（負け）よりも、たとえば**週間や月間、あるいは投資を始めてから現在までのトータルで、総合でプラスになっていれば勝ち**じゃないか、と考えています。

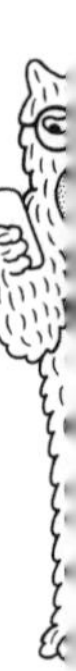

そういう考え方でいくと、今日の負けだって、明日の勝ちに至るまでの道のりにしかすぎない。1回表で派手に打たれたって、9回裏で勝っていれば問題ないのと同じです。そういう意味でいえば、株式投資は、プロ野球の試合みたいなものです。

1回表で派手に打たれた。裏で得点を返せなかった。

野球って、これだけでゲームは決まりませんよね。毎日のトレードの勝率にこだわるのは、1イニングで打てたかどうかくらいの意味しかありません。

1回から9回まで全てのイニングを勝ち越していこうとすると、翌日以降で息切れしてしまい、シーズン成績はCクラスなんてことにもなりかねません。

でも実際のゲーム展開では、前半で打たれても、傷が浅いうちにピッチャーを代える判断をすることで、試合の流れは変わっていきます。時には1試合捨てても、翌日以降で勝てればそのシーズンは良し、ということもあります。

株でも、これは同じなんですね。

そして、野球は野球でも、株はシーズン成績で評価されるプロ野球のほうであって、トーナメント式で一発勝負の高校野球じゃないんです。

「損を我慢して持ち続ければ、いずれどこかで儲かるやろ」

これは、どっちかといえば、トーナメント式の考え方。そこであきらめちゃうと、次はもうないいんですから、何がなんでも我慢して、どっかで儲けをとらなきゃなりません。

しかし、株はそうじゃない。

今日はあきらめて明日がんばれば良い。今日も明日もダメだったとしても、明後日以降でとり返せば良い。それができるんです。

なので、私は**その日その日でケリをつける**ことをすすめます。

全勝は誰だって無理なんです。負けることは誰にだってあるんですから、負けはすぐに認めちゃいましょう。

どうして負けをすぐに認めちゃうほうが良いのか。

それは、早いうちに損切りできれば、傷は浅くて済むからです。

「この投手、今日はえらい打たれとるな」

と思いつつも、ずっと投げさせる監督はいないでしょう。試合に勝つにはさっさと見切りをつけて、次の投手に代える。これと同じなんですね。で、最終的に勝ちがとれれば良いんです。

というわけで、1日単位の勝ち負けは、

「3日に1回くらい負けても良いや」

と考える。

そうして、ちょっと長いスパンで儲けがとれれば勝ちということを、自分で決める。

そうすると、たとえ負け数が大きくても、儲けが大きければ良いということになります。

「あくまでも損切りは小さく、利食いはできるだけ大きく伸ばす」

「勝率アップよりも、目指せ賞金王！」

をモットーにいきましょう。

1日1万円儲けるくらいの気持ちでいきましょう

数日間のトータルで、儲けを出せば勝ち。

日々のトレードでは、２勝１敗でよしとする。

これが本書で掲げるざっくりとした目標ですが、１日いくら儲ければ上出来かという問題もあります。


そこで、最初に用意していただいた資金が意味をもつんですね。

みなさんに用意していただいたのは、50万円。信用取引を使って、だいたい１００万円くらいのトレードを行うとします。

すると、**株価が1%値上がりすれば1万円儲けられる**んです。１００万円あれば、１０００円の株が、１０００株買えます。１０００円の株が１％アップし、１０１０円になれ

ば、1万円の儲けです。

ここ数年は、1％どころか1日に2％、3％上がる小型株・中型株も珍しくありません。ですから、1％上がる銘柄を3回に2回当てるくらいのことは、先読み術を会得すれば、お手のものとなるでしょう。

50万円の資金があれば、最大で150万円までトレードできますが、人には好調・不調がどうしてもあります。そこで、調子に合わせて不調なら50万円、好調なら150万円の範囲でやっていけば充分に、1カ月で毎日1％ずつくらい儲けられると思います。

逆に損切りはどのくらいに設定するか。

1日1万円の儲けを出し、3回に2回勝つことを前提に考えると、株価が**0.5％下がった段階で損切り**すれば、100万円の投資で、5000円の損で済みます。

すると、3日間の儲けがだいたい1万5000円くらい。1日5000円のお小遣いが入るなら、まずまずではないでしょうか。

さて、1日1万円稼ぐ方法は、1％上がるのを待つだけではありません。

悪材料でガツンと下げてきた後、底へついてから戻すときの値上がりをとる作戦も有効です。

たとえば、2021年5月31日の【6723】ルネサスエレクトロニクス。週明け月曜の朝、いきなりの大幅下落となりました。というのも、28日に公募増資を発表したからです。

それがなぜ大幅下落につながる悪材料になったのかというと、調達額が2000億円を超える大きな規模だったため。新株発行の数は1億9641万7200株。これによって1株あたりの利益が薄くなると考えた人が悪材料と判断したんですね。

それにくわえて実は、その前から、筆頭株主のINCJが売り出すという噂があったんです。それが公募増資とあいまっての悪材料だったので、28日から下がり始めていたんですね。

蓋をあけてみると、30日に発表されたINCJの売出し株数は1億6707万8400株。くわえて別の株主のオーバーアロットメントもマックスで約673万株を売り出すと発表しましたから、

「こりゃ、一株あたりのうまみがめっちゃ薄なってまう」

と判断した株主が、どんどん売ってしまったのです。

ですが。そもそもルネサスエレクトロニクスは、なんで公募増資したんでしょうね？

ここに遡って考えることが先読みなんです。

「いやいや、ちょい待ちぃ。ルネサスがつぶれるわけちゃうし」

そう考えた投資家、もう一度冷静になって、調達した資金の使途をよく読みます。すると、

「イギリスのダイアログ・セミコンダクター買収資金の一部に充当するためって書いてあるんですよね。で、冷静になってＩＲページなんかを見てみると、ルネサスエレクトロニクスはここのところ、事業領域の拡大を行っていることがわかります。

「むしろ、これ、先行投資なんちゃう？」

「これ、**下がったところで買っといたほうがええんちゃう？**」

その通りです！
実際、チャートを見てみると、なんてことはない、その後、続伸が続き、公募増資を正式発表する前の価格を超えてしまいました。つまり、成長を織り込んで買い戻した投資家が少なからずいることを示しています。

こういう悪材料のほか、特に火事など一過性の事情の場合は、誰もが悪材料とわかり、しかも一過性と見分けがつくので、底へついたら、比較的早い段階で、少しは戻してくるんですね。
ここで差益をとれば、1日1万円のノルマは達成です。

ただし、この作戦は、中長期投資には向いてい

【6723】ルネサスエレクトロニクス

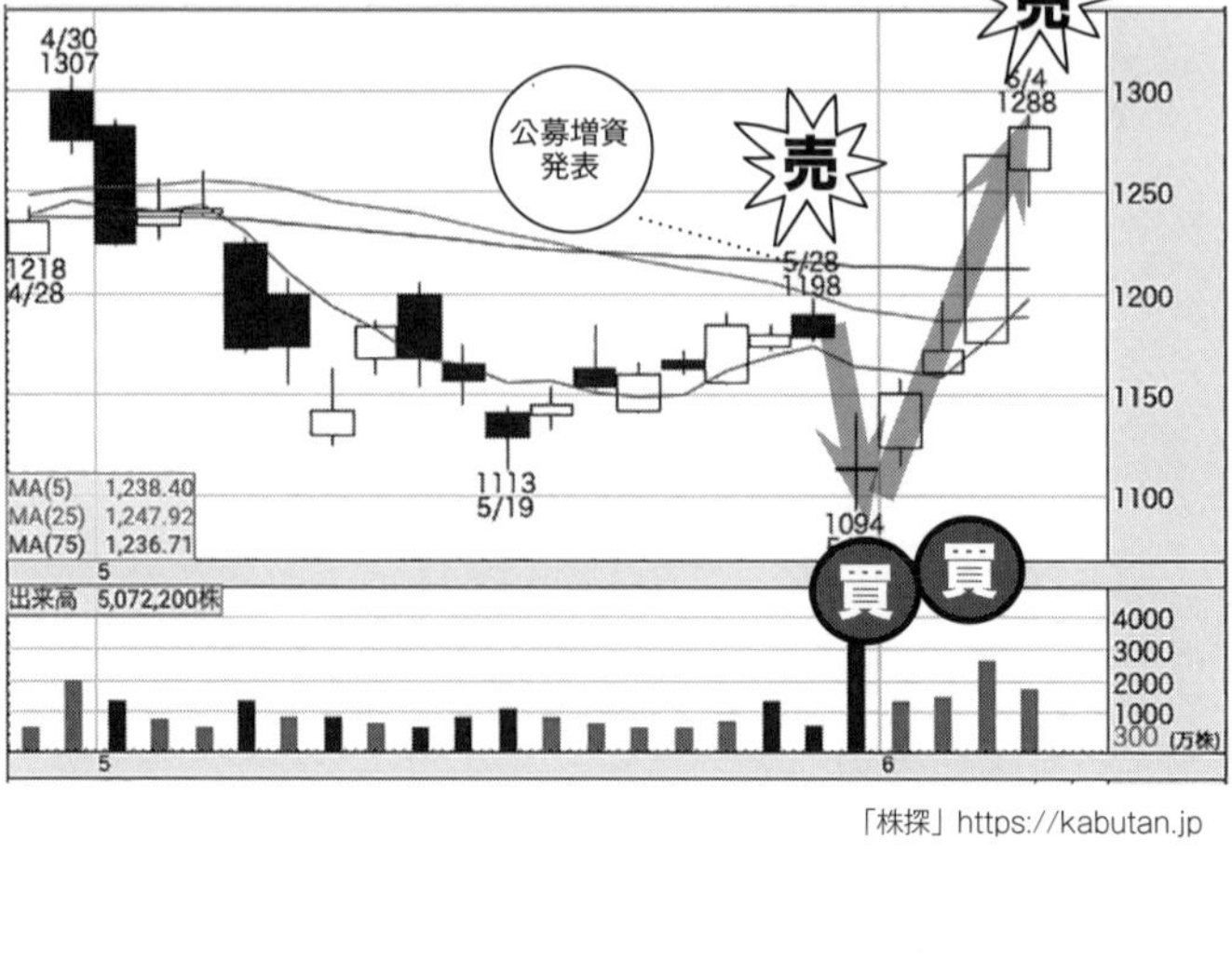

「株探」https://kabutan.jp

ません。

というのも、〝悪材料で買って売る〟のも〝好材料で売って買い戻す〟のも、世間のトレンドの逆をいくので、

「自分、間違ってるんとちゃうか……」

と不安になり、そのポジションをとり続けることが、まず気分的に我慢できなくなっちゃいます。

そこで、できるだけ短時間で手じまうデイトレがうってつけというわけです。それに、トレンドの逆なので、思惑と違ったときでも変に期待をして執着した結果、塩漬けになるというのも避けられます。

また、下げでも同じかそれ以上に利益がとれます。下げのほうが1日でも大きく値が動きやすいからです。もし調子が良いときなら、空売りを使い、グンと下げてくるのをじっくり待ってから利食うことを考えるのも良いでしょう。

コツコツドカーンより、損切り貧乏

さて、これまでにたびたび繰り返してきましたが、トータルで儲けるコツは、

「**さっさと損切りをする**」

この一言につきます。

たとえ2勝8敗の損切り貧乏となっても、9勝1敗でコツコツ儲けたもののその1敗でドカーン！　と大損を出すよりまだマシです。

A：さっさと損切りしたときと、B：持ち続けて反発を待ったとき。

運命の分かれ道でAとBどちらを選ぶかで、その後の数字がどう変わるのかを比べてみたいと思います。

A：100万円－0・5％＝99万5000円
↓0・5％下がった段階で損切りをしました。
99万5000円＋1％＝100万4950円
↓資金を再投資し、1％上がったところで利食ったところ、
最初の投資資金を回復し、さらに4950円の利益が出ました。

B：100万円－10％＝90万円
90万円＋1％＝90万9000円
↓10％下がったところで、反発を始めました。
しかし、1％の値上がりでは、資金は90・9％までしか回復しません。
100万円÷90万9000円≒1・1＝110％
↓最初の投資資金をほぼ回復するには、さらに10％以上の値上がりが必要です。

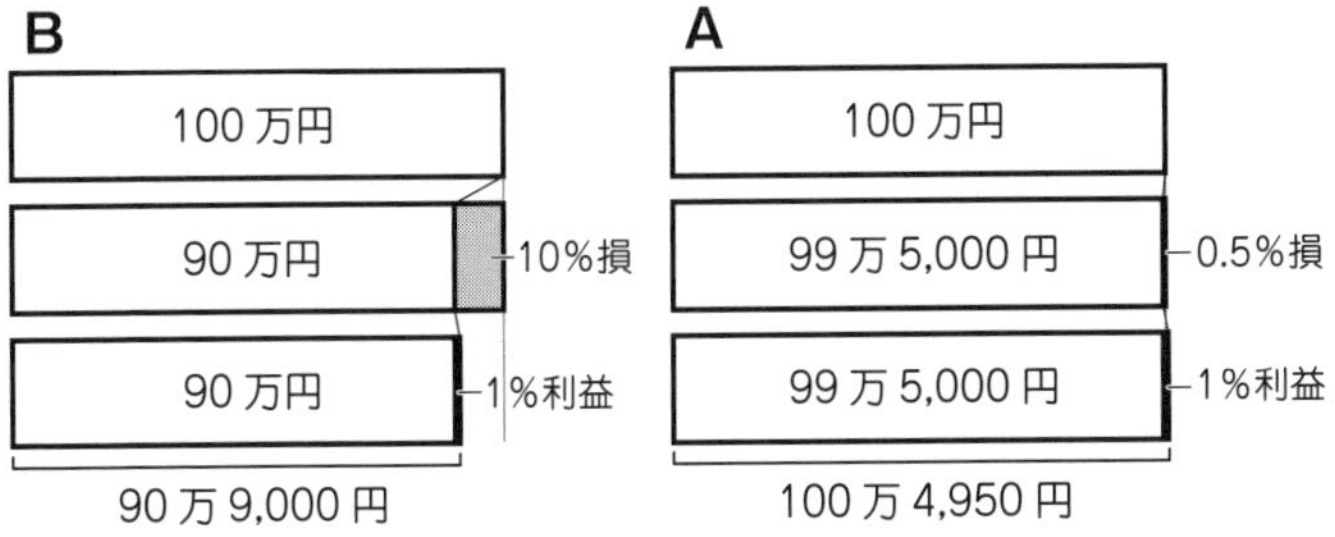

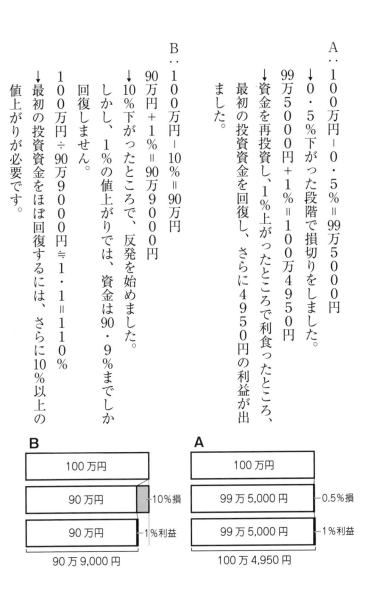

損切りは、誰だってイヤなものです。でも、**先延ばしにすると、痛手はどんどん大きくなってしまう**んですね。

本書では2勝1敗あたりで良しにしようとお話ししていますが、たとえ1勝1敗だって、0・5％下がった時点で損切りして1％で利食えば、2日で0・495％の利益が出るんです。

50万円を元手にした100万円の投資であれば、4950円。400～1000円程度の手数料を引いても、50万円の預け入れで0・455％の利子が2日でつく複利の預金は、なかなかありませんよね。

一方、悪材料が出たときなどでは、10％程度の下げはそう珍しいことではありません。295円が266円に下がって底を打ってくると、

「すぐに戻してくるんちゃうか」

と期待したくもなります。

しかし、％に換算してみると、295円に戻すには、10・9％上げなければならない。

1日でそこまで戻すことはありありませんから、**上がるのを待っている数日間は、資金をほかに使えなくなってしまう**んです。

これじゃいくら連勝を続けたとしても、利食うまでに時間もかかるし、儲ける額もしょぼしょぼでしょう。そして**数日間に1度しかトレードできないようだと、儲けるチャンスをどんどん逃してしまう**し、経験も積めません。

極めつきは、一度ドカーンと損を出してしまったら。

20%下がったまま上がってこないので、ついに損切りを決意しても、元に戻すのはえらい大変です。

だいたい、元手の50万円も、（もし100万円で取引していたとしたら）30万円まで目減りしちゃっていますからね……。

さて、計算で頭を使ったので、ちょっとした心理テストをして遊んでみましょうか。

戦国時代のある戦いで、100人を率いる武将がいました。
このままでは全滅必至です。

質問1
A案による場合、30人が助かります。
B案による場合、70%の確率で全員が死んでしまいます。

A、Bどちらの案を選びますか?

質問2
A案による場合、70人が死亡します。
B案による場合、30%の確率で全員が助かります。

今度は、A案B案、どちらを選びますか?

あるセミナーでこの質問をしてみたところ、質問1では、7割の人がA案を選びました。

ところが、質問2ではすっかり逆転して、B案を選ぶ人が多数派となりました。

でも、よく考えてみると、質問1も質問2も、どれも同じことが書いてあるんですよね。

つまり人は、**ポジティブ表現を好み、そちらを選ぼうとする**傾向があるわけです。


これは、人は絶対評価とは関係なく、自分の参照点（基準点）と対比して、そのときの気持ちで意思を決定してしまう〝フレーミング効果〟といって、心理学的にも説明されています。

どうも人間は、現実をありのままに見ず、偏った見方をする生き物らしい。そして、**現在を肯定しようとする傾向**もあります。


下がっている株を持っていても、なぜ売らないのか聞くと、

「今売ると、損してまうやん」

と答えます。でも、今、同じ銘柄を新たに買うかどうかを聞くと、

「なんで今買うの？　その銘柄やと儲からへんやろ」

と答える。本当は、これから上がると信じているなら、今その株を買って、下がる株を

売ったほうが良いんですけれど。どうしても過去に引きずられるのが人間なんですね。

さらに下は、実はノーベル賞受賞学者カーネマン博士の〝プロスペクト理論〟に基づいた表なんです。

カーネマン博士は、

「人ちゅうもんは、利益に対しては、『儲からへん！』というリスクを回避しようとしまんねん。けどなぁ、損失に対しては、損失そのものを回避しようとするもんなんでっせ」

と言っています。

これを株に当てはめると、ちょっと値上がりすると、

「ここで利食っておかんと、あとで下がって、儲けがとれなくなるんちゃうか？」

と、値上がりを待てずに売ってしまい、逆に値下がりが

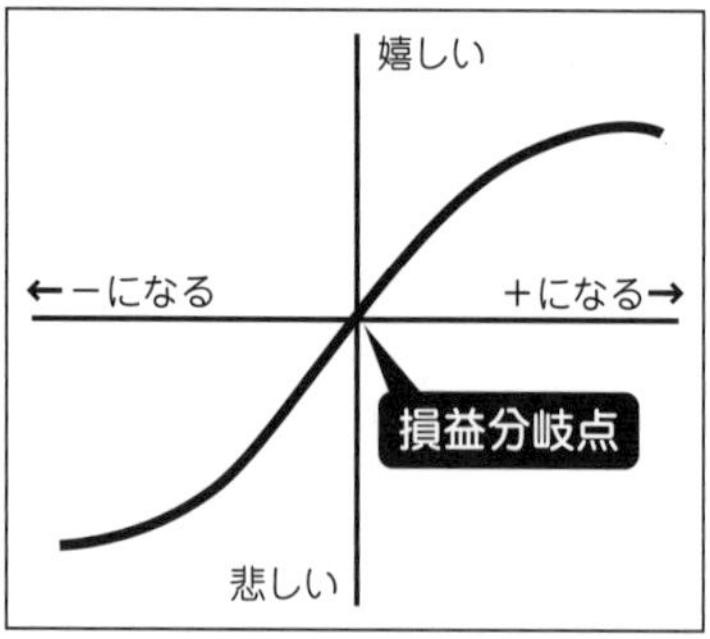

〝プロスペクト理論〟では、－が＋になるときに、一番急激に喜びが増す。

始まると、暴落の予感があっても、

「ここで売ってしまうと損になってまうし！」と売るのを躊躇するという具合。

つまり〝プロスペクト理論〟では、

「人っちゅうのは本来、〝塩漬け株自動製造マシーン〟なんやで！」

「人間誰だって、コツコツ儲けてドカーン！　とやらかしてまうもんなんや！」

という、身も蓋《ふた》もないことを言っているわけです。

これは、どうしても避けられない人間の本能だといっても良いでしょう。

だからこそ、相場の福の神は、この本能をよくわかったうえで、あえて本能に逆らってほしいと考え、

「コツコツドカーン！　よりも、損切り貧乏がおすすめ」

と、繰り返しお話ししているのです。

塩漬け株＝貧乏神。持たない・作らないが基本です

塩漬け株を作ってしまうのは、人の本能。だからこそ、あえて損切り貧乏をとるには、次の呪文が、すごくよく効きます。

「**塩漬け株は貧乏神。持たない・作らないが基本**」

損切り貧乏は、ただの貧乏。いつかは挽回できる機会があります。

でも、塩漬け株は貧乏神なので、追い出さない限り、永久に貧乏をもたらし続けます。

なので、最初っから〝持たないように、作らないように〟しなければならないんです。

そんなん言ったって、フツーにやっとったら塩漬けになってまうんやろ？

だからこそ、予防線を張って、徹底的に排除しなければなりません。

意思、強う持ったら平気なんちゃう？

それで本当に大丈夫？　それで今までずいぶん失敗してきたんとちゃいますか？

意思よりも強いのは、オートマティック。感情を一切交えずに、機械に勝手に損切りをしてもらう。これが一番確実です。

機械に勝手に損切りしてもらうために必要なのが、〝逆指値注文〟です。みなさんにも、2章で、ネット口座を開いてもらいましたよね。そのときの福の神の言葉、覚えていますか？

そう、**逆指値注文は〝株式投資の生命線〟であり、相場の福の神も一番頼りにしている、ありがたーい〝魔除けのお札〟**です。

ここで伏線が無事に回収されたので、逆指値注文についてちょっと説明しておきましょ

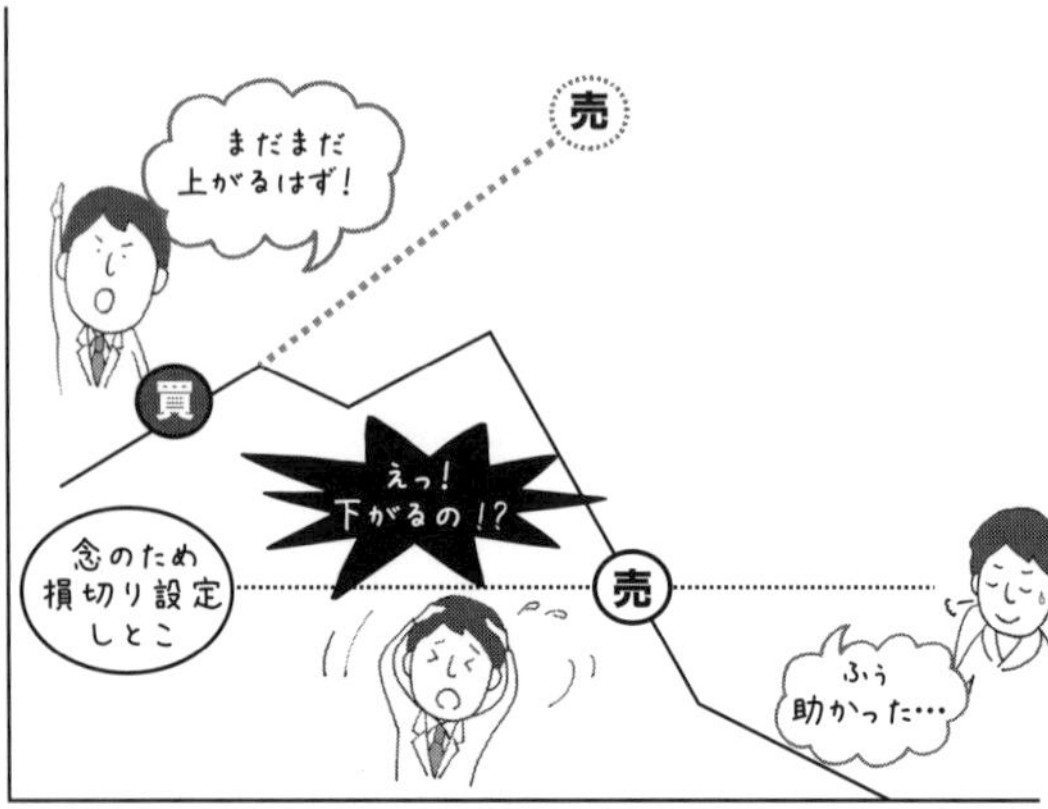

う。

これは、いわば〝**価格がそこまで下がってしまったら損切りする、全自動塩漬け株処刑マシーン**〟です。

もちろん、空売りをする場合には、〝価格がそこまで上がってしまったら、自動的に買い戻す〟ほうの損切りもできます。

とはいうものの、自分で損切り価格を決めて注文を出しておかなければ、この便利な自動機能もまったく使えません。

そこで、大切なのが、〝**マイルール**〟。

売買する前に、絶対にこのマイルールを決めておき、投資をしている間は、一度決めたルールを絶対に守り抜いてください。その時その時でルールを変えてしまうと貧乏神に取り憑かれますよ！

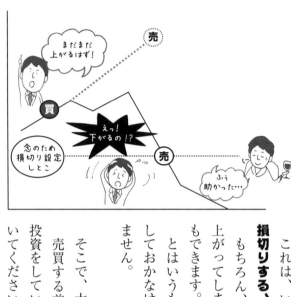

〝マイルール〟で決めるのは損切りのポイント、つまり**何%目減りしたら損切りをするか**です（「○円まで」でなくて「○%」で考えるのは基本中の基本です！）。

福の神ルールは0・5%～3%。深く考えるのが面倒なら、**1%**にしておけば良いでしょう。

リスクをとりたいという人も、デイトレでは3%以上目減りすると、あとで資金を回復させるのがやっかいです。1日で大きく価格が動くような日であっても、**3%未満**になるように設定しておきましょう。

ビビりな人は、0・5%くらいにしておいてもよいかもしれません。50万円の資金で2倍のレバレッジをかけて100万円の投資なら5000円。2回飲みに行くのを我慢すれば、なんとかカバーできる金額ですからね。

とにかくルール以上に**パーセンテージを増やすのは絶対NG。**

1%ルールの人が、

「今回は150万で取引するから、ちょっとビビって0・5%で逆指値注文しとこ」とい

うのはアリですが、

「今回は150万投資するから、リスクもちょっと大きめにとろ。5%あたりでどうやろか」

というのはダメ、絶対。

設定した瞬間から、貧乏神にロックオンされると思ってください。


たまに、損切りした後に、値を戻してくることもありますが、そんなことは損切りする前には、一切考えなくてよろしいのです。

値を戻す気配があっても、合い言葉は〝**損切りポイントのマイルールは絶対厳守**〟。

あなたがしているのは、デイトレです。

そして一度下がった銘柄が株価を戻してくるのは、上昇トレンドに乗っているということですから、明日もう一度その銘柄を買えば良いんです。

そして1%でも2%でも好きなところになったら、利食いましょう。今日の損も明日にはちゃーんととり戻せます。

日経半歩先読み術実例

開会式で文字通り〝株を上げた〟銘柄は？

2021/7/24 日本経済新聞 朝刊1面

東京五輪 開幕
コロナ下 大半無観客
57年ぶり2度目
大坂選手が点火
天皇陛下 開会宣言

2021年7月23日、東京オリンピックの開会式が行われました。テレビの前で入場行進の様子を見守った方も多かったことでしょう。

実はこの入場行進を見ていたら、翌日以降の日本経済新聞の掲載記事や、それによって上がる銘柄が予想できたんです。

入場行進でMade in JAPANのゲーム音楽が使われて話題になったことはみなさんご存知ですよね。当然、ゲーム会社の株価も上がると考えたはずです。

「メーカーは？」との連想から、文字通り株を上げたのは、『ファイナルファンタジー』シリーズを送り出した【9684】スクウェア・エニックス・ホールディングス。

これだと普通の寄付き飛びつき買いで高値つかみになるところでしたが、さらに「使われなかったのは？」と連想すると、実は【7974】任天堂のゲーム音楽は1曲も使われなかったことに気づきます。そして任天堂の株価は、オリンピック開催中は非常に不調でした。半歩先を読めば、下がる任天堂を信用売りし、安くなったところで買い戻すという手法が使えましたね。

買った（売った）理由がなくなったら手じまいましょう

損切りポイントは、投資開始前に絶対に決めておく。これが相場の福の神が授ける、鉄のオキテです。

一方で、利食うのはいつでも結構です。上昇トレンドに乗っているなら、天井につくまでとことん乗ってください。また、空売りしたなら、底へつくまで待っても良いでしょう。

とはいうものの、売りどき・買い戻しどきっていうものはありますよね。

福の神は、そういうタイミングを〝理由がなくなったとき〟と呼んでいます。

〝買った理由がなくなったときが売りどき〟

〝空売りした理由がなくなったときが買い戻しどき〟です。

単純なルールですが、一度こうと決めておくと、サクッと判断できます。

とはいっても、取引をする理由は各人いろいろあるにしても、〝なくなったとき〟については、どう考えれば良いのでしょう？

一番わかりやすいのが、テクニカル分析です。

テクニカル分析で移動平均線のゴールデンクロスを理由に株を買ったなら、デッドクロスになれば売れば良い。テクニカル分析の基本的なチェック法は6章でお話ししますので、そちらを見てください。

また、ニュースで買うなら、「このニュースで上がるのはここまでだ」となったら売ってしまう。あるいは悪材料が出て下がり切ったところで買ったなら、焦って売った人たちがハッと我にかえり、ほどほど戻してきたところで売れば良い。

つまり、チャートを見て自分の予想通りに動かなかった、逆に動いた、動いたけれど止まってしまった、そういうときは**ニュースの効果がないか、効果は終わってしまったか、自分の考え間違い**ということです。

福の神式デイトレ版運用チェックシート

〝損切りポイントのマイルールは絶対厳守〟
〝買った（売った）理由がなくなったら手じまう〟

本書の二大合い言葉を忠実に守っていけば、たいていの場合、貧乏神は寄ってきません。でも、守っていくのがけっこう難しい。そこで、みなさんに必ず使ってほしいのが、**〝運用チェックシート〟**です。

〝運用チェックシート〟というのは、取引の記録帳です。

ノートに手書きしても良いし、スマホの表計算アプリを使っても良い。パソコンでエクセルを使えば、データを活用して表やグラフも作れるので、凝り性の方には向いています。

とにかくこれは、作っただけで満足しないで、毎日のトレードのたびに、きちんと記録してほしいのです。この〝運用チェックシート〟こそが、あなたが日々蓄えていく経験値。

そして、**将来は、あなたの教科書となります。**

この〝運用チェックシート〟に必ずつけてほしい記録は、次の5つ。

◆取引をしたとき

①**「なんでこの銘柄を取引したんやっけ？」**＝買った・売った理由
②**「いくらで取引したんやったっけ？」**＝取引価格
③**「いくらになったら損切りする？」**＝損切りポイントの価格

◆手じまったとき

④**「結果はどうやった？」**＝手じまいした金額
⑤**「どうなったから、手じまいしたん？」**＝手じまいした理由

〝損切りポイントのマイルールは絶対厳守〟

〝買った（売った）理由がなくなったら手じまう〟

この2つが、確実に管理できるようになっているでしょ？

そのほか、日付やらなんやら、当たり前につけてほしいこともあります。次のページに見本を載せておくので、参考にして、自分で使いやすいものを作ってください。

「そんなん、面倒いわぁ」という方は、ＱＲコードのサイトからダウンロードしたデータをコピーして使っていただいてもかまいません。

Ｐ31に掲載した、２０２１年7月15日【７６０８】エスケイジャパンの取引例を記入してみましょう。

運用チェックシート
ダウンロードサイト

日付	コード	銘柄名	買う・売る理由	投資期間	約定結果		現物・信用	投資金額	損切りメド		結果			手じまい金額	手じまい理由	備考	利益・損失
					株数	株価			金額	理由	日付	株数	株価				
2021.7.15	7608	エスケイジャパン	経営利益拡大を発表。午前中天井で反落を見込んで空売り。	15日中には終える	800株	540円	信用	432,000円	436,320円	1%ルールから	2021.7.15	800株	513円◎	410,400円	27円下げたところで買い戻し	思惑通り午前中に天井に	21,600円◎

取引した日とコード・銘柄を書きます

取引の内容が買いか売りか、またその取引をした理由を書きます

いつまでその銘柄を運用するのか、その期間と投資を終了する（＝決済する）期限日を書きます

取引した株数と、取得あるいは売却の単価を書きます

現物取引か、信用取引かを書きます

日付	コード	銘柄名	買う・売る理由	投資期間	約定結果		現物・信用
					株数	株価	
2021.7.15	7608	エスケイジャパン	経営利益拡大を発表。午前中天井で反落を見込んで空売り。	15日中には終える	800株	540円	信用

トータルの投資金額を書きます。投資金額 ÷ 株数が平均単価となります

損切りの目処となる金額と、金額以外の理由を書きます

いつ、どれだけの数を、いくらで取引して、投資を終えた（手じまいした）のかを書きます

手じまいした理由を書きます

自分自身の感想や、市場の様子、投資期間中の想定外のニュースなど、自由にメモしておきましょう

投資金額	損切りメド		結果			手じまい金額	手じまい理由	備考	利益・損失
	金額	理由	日付	株数	株価				
432,000円	436,320円	1%ルールから	2021.7.15	800株	513円 ◎	410,400円	27円下げたところで買い戻し	思惑通り午前中に天井に	21,600円 ◎

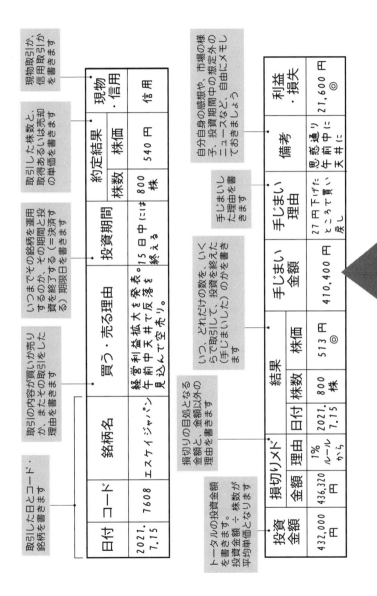

日付	コード	銘柄名	買う・売る理由	投資期間	約定結果		現物・信用	投資金額	損切りメド		結果			手じまい金額	手じまい理由	備考	利益・損失
					株数	株価			金額	理由	日付	株数	株価				

※拡大コピーしてご使用ください。

4章

福の神式
日経新聞【8分】
ポイント読み

朝刊の更新回数は、何回？

さて、ここからが先読み術の実践編。

2章で用意していただいた、日経新聞の読み方を中心に、お話ししていきましょう。

さて、日経新聞はPDFで読むのが大事だとお話ししましたが、もし紙の新聞を買うのであれば、情報価値の高い〝14版〟を買うのがベストです。

14版は大都市圏なら宅配されますし、都市圏の駅売店などでも買うことができます。もし、あなたのお住まいの地域に宅配されている日経新聞が14版でないのなら、**電子版も契約してビューアーで、スマホやタブレット、PCで読む**ことをおすすめします。ちょっとばかし余分に（2021年7月現在、月々プラス500円）かかるけれど、これだと、紙面そのままの感覚で読めます。

朝刊は前夜から印刷が始まりますが、印刷している最中にも、新しいニュースはどんどん入ってきますし、記者がスクープをとってくることもあります。なので、新しくて重要なニュースを入れるために、版はどんどん更新されていくんです。朝刊の更新回数は4回。

つまり、**14版というのが最新版**です。

11版と14版では、情報の新しさに差があることはわかります。でも、13版じゃダメで、14版ならオッケーなのはなぜでしょうか?

それは、**13版までは、スクープが隠されている**からなんです。

独占スクープでスッパ抜くには、他社の最終版と同時に発表しなければならない。14版で報道すれば、他社がその記事を見て自社でも載せようとしても、もう最終版を出してしまっているので夕刊まではお預けになってしまうというわけです。

ちなみに、日経新聞はロンドン、香港、ニューヨークでも印刷されています。それだけいろいろな版があるんですね。ですからくれぐれも、今日の日経新聞は、自分が見ているものがすべて、なーんて思わないでくださいね。

読む「順番」がポイントです

さて、朝の忙しい時間帯。日経新聞を読むにも、効率的にいきたいものです。そこでポイントになるのが、読む順番です。

ではどこから見るか。

それはもう、〝みんなが見ている情報が大事〟なのですから、**1面の見出しから、それも大きな見出しから**に決まっています。つまり、8分間で〝読む〟というより、目ぼしい見出しを〝拾う〟というほうが正しいのです。

そして、とってもセオリー通りで申し訳ないようですが、**1、2、3面と順に**読み進んでいきます。

それやったら、どんな順番で読んでも、ええんちゃうの？

いいえ、1面から読み進んでいくのには、ちゃんと意味があるんですよ。

なぜ重要かというと、自分以外大勢の投資家みんなの〝気づきやすさ〟が違うからです。

1面トップ記事の情報には、みんな気づきますが、中面にいけばいくほど、その情報は気づかれにくくなります。

そして、気づきやすさは、見出しの大きさにもからんできます。当然、見出しが大きければ、中面にある情報でも気づかれやすいし、小さければますます気づかれにくい。この**〝気づかれやすさ〟が、先読みのポイント**なんですね。

つまり1面大見出しの情報は、先読みでもなんでもない。〝みんな同時〟の情報です。**中面の小さなフォント見出しの情報は、もしかしたら、〝一歩半先読み〟の情報かもし**れない。

順番通りに読み進めながら、どのあたりが〝半歩先読み〟が有効かを探っていくのが、効率良いということです。

1面に好材料　買って儲ける？　売って儲ける？

さて、今朝の日経新聞、しかも14版の1面に好材料が出ていました。これは本日の市場の花形銘柄になりそうです。

で、あなたはどんなふうに儲けますか？

日経1面にええニュースが出とるで！　こりゃ絶対上がるやろ！

ま、みんなそう考えますよね。

で、こういう場合、だいたいもう**寄付きでけっこうな値段がついちゃう**わけです。

それで、買うタイミングを逃して、結局、ちょいと高くなってからようやく買えて、すぐに天井へついちゃって、たいして利ザヤがとれなかった、なんてことになりがちです。

そんなときには、**みんながやってる逆をやる**のが1つの手法です。

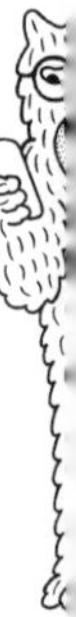

〝高いところで空売りして、下がったところで買い戻す〟。

そのほうがだいたいうまくいくんです。

というのも、下げ幅のほうが大きいし、やってる人が少ないからです。そして、上がるときというのは、みんな気づくけれど、下がり始めにはなかなか気づきません。

そして、寄付きでどんどん上がっていくのだから、場が始まって1時間もすれば、けっこう良い値がついている。そしてまだ買い気配があるだろう。だから、**売れば買われる**だろう。それを寄付き前にイメージするのが、〝半歩先読み〟するということなんですね。


別の〝半歩先読み〟をする手もあります。

それは、**1面好材料で、銘柄が明記されていない**とき。

こうしたケースでは、あとで銘柄がわかると、上昇トレンドに入るので、**寄付き前のまだ値上がりしていない状態で先読みして安く買っておく**ことです。

同じように先に気づいた人がいて、ちょっとずつ買われて値が上がることで、たくさんの人がニュースの影響と気づきます。すると、もっと上がってくる。そこで利食おうという作戦です。

2021年7月13日の日経新聞朝刊の1面に、太陽光発電のコストは原発より安くなるという記事が掲載されていました。これは、太陽光発電関連銘柄にとっては、明らかに好材料の記事です。しかし、経産省の試算結果を報道していますので、具体的な企業名が掲載されているわけではありません。

こうしたときは、寄付きで何かの銘柄がいきなり上がるということはあまりありません。1面とはいえ記事そのものは下のほうにありますし、具体的な銘柄に結びつくわけではないからです。

ではどの銘柄も上がらないのか？　というと、そういうわけでもありません。みんな、関連する銘柄を探すので、具体的な銘柄名に行きあたる人が増えてくると、徐々に上がってきます。どういう銘柄を探せばいいのでしょうか？

やっぱ、電力会社ちゃう？

大手の電力会社の事業は手広いので、残念ながらこの記事ではほとんど株価には影響が出ません。

そこで、連想を働かせます。太陽光発電に必要なものは何でしょう？

そう、太陽光発電の電池です。そこで、太陽電池関連の銘柄を探すのです。それも、太陽電池のメーカーではなく、太陽電池をたくさん作ったら儲かる会社を探します。

で、私が注目したのが、【6255】エヌ・ピー・シーです。太陽電池そのものではなく、後工程向けの製造装置や、太陽電池パネルのリサイクルメーカーなので、なかなか気づかれにくい銘柄です。ですから、ニュースに少し遅れて、高値をつけたのは10時過ぎです。このニュースの効果があったのでしょうか、13日の決算発表の効果もあり、翌日再び高値をつけました。

もう1つ、太陽光発電が低コストなら、ほかの再生可能エネルギーも注目されるのでは？という考え方もできます。

そこで投資家が注目した銘柄が、【5074】テスホールディングスです。再生可能エネルギー発電所の設計から材料調達、施工までを行うほか、自社でも発電し電力供給事業を展開しています。

太陽電池のメーカーよりも先に注目されたようで、13日の寄付きから上がり、一時は反落したものの、翌14日に再び上がったところから、一時的ではなく、長期間にわたる好材料だと判断されたことが見受けられます。

2021/7/13　日本経済新聞　朝刊１面

太陽光発電費 原発より安く
30年時点、経産省試算

経済産業省は12日、太陽光発電の2030年時点のコストが1キロワット時あたり8円台前半～11円台後半と、原子力（11円台後半以上）より安くなるとの試算を示した。太陽光パネルなどの費用が下がる。逆転すれば初めてで、エネルギー政策の前提が変わる。再生可能エネを国民負担も含め高く買い取る優遇策の必要性が薄れ、事業者が自立できる環境が整う。（**関連記事5面に**）

総合資源エネルギー調査会（経産相の諮問機関）のワーキンググループで示した。見直しは6年ぶりで、逆転の推計は初。今夏にもまとめる新たなエネルギー基本計画などの検討材料にする。

原子力、太陽光、風力、石炭、液化天然ガス（ＬＮＧ）など15種類の電源ごとに発電コストを20年と30年に分け分析した。発電所を新設した場合の建設や運営にかかるモデル費用で、送電網への接続費などは含んでいない。

原子力は6年前に示した試算では、30年時点で10・3円以上としていた。今回は安全対策費を上積みした結果、11円台後半以上に高まった。20年時点では原子力は11円台後半以上で、太陽光の12円台後半より安かった。

洋上風力は30年時点で26円台前半と分析した。20年時点の30円台前半より安くなるが、なお他の電源より高い。

2021/7/13~7/15 【6255】エヌ・ピー・シー

「株探」https://kabutan.jp

2021/7/13~7/15 【5074】テスホールディングス

「株探」https://kabutan.jp

1面に好材料が出たら、まず上がる。

では、悪材料が出たらどうなるのでしょうか？

２０２１年７月１日の日経新聞朝刊１面に、【６５０３】三菱電機が、鉄道向けのブレーキ設備において、10年間にわたり、不適切な検査を行っていたとのニュースが出ました。

2021/7/1　日本経済新聞　朝刊１面

ブレーキ設備 不適切検査

三菱電機、鉄道向け10年間

三菱電機は30日夜、鉄道のブレーキなどに使う空気圧縮機でも「不適切」な検査があったと発表した。10年程度にわたり1000台を出荷した。鉄道用空調装置の不適切検査に関する調査の過程で分かった。相次ぐ不祥事の発覚に鉄道会社など取引先は対応に追われ、具体的な説明を求める声が出ている。（関連記事2面に）

空調装置の不適切検査は6月14日に社内調査で判明。対象期間は30年以上となる疑いがある。累計出荷台数は8万4600台。空気圧縮機については28日に分かった。

こういった装置は出荷前に顧客の指定にそって防水、耐電圧などの性能を検査する。今回は、仕様書とは異なる温度や湿度の条件で検査したり、必要な検査をせず架空の数字を使ったりしていた。三菱電機は「製品の安全、機能、性能に影響はない」としている。

他にも同様の事例がないか、外部の弁護士を含む調査委員会を設置して点検する。

空調装置など鉄道車両向け「電機品」で、三菱電機の国内シェアは6割に達する。ＪＲ東日本は三菱電機製の空調装置を新幹線で１７００台、在来線では８１００台使っている。鉄道車両メーカーの川崎重工業は「報道が出るまで連絡がなかった」といい、契約条件などの確認を急いでいる。

加藤勝信官房長官は30日の記者会見で三菱電機の問題について「大変遺憾だ。原因究明、再発防止へしっかり機動的に対応していく」とした。国土交通省は同日、同社に事実関係を早期に報告するよう求めたと明らかにした。

しかもこの材料、後からもどんどん悪い話が出てきたんですね。

それで、チャートは寄付きからどーんと下げ、翌日はまた戻ったものの、その後も悪い話が次々に出てきてしまったので、下落傾向が続いています。

いったん戻ったのは、三菱電機にとっては、正直、大きなビジネスではないので、収益に関わるわけではないと判断されたからでしょう。しかし、後からまた出てくるとなると、会社の体制が問われます。「ほかも大丈夫なの？」ということです。

で、この体制が軌道修正されるまでは、しばらくはしんどいね、ということで売られているのです。

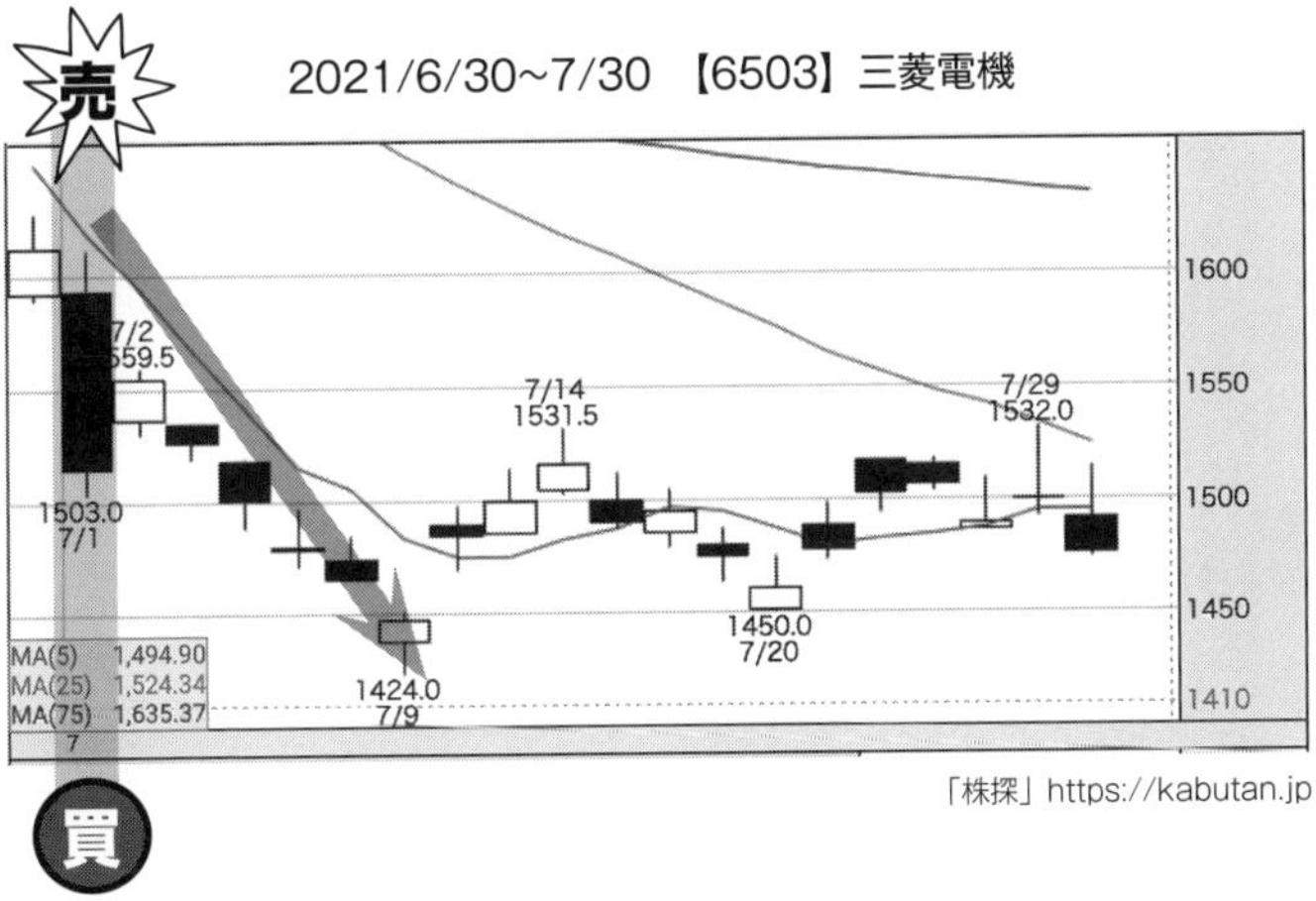

「株探」https://kabutan.jp

さて、こういう場合、競合他社はどうなるのでしょう？

【６５０１】日立製作所のチャートを見てみると、買われています。つまり、三菱電機の不祥事で、ブレーキも作っている重電メーカーの日立に目が向いたのです。

【６５０２】東芝にはあまり目が向けられなかったのは、東芝はほかにいろいろややこしい問題を抱えているからです。

普通、こうした時価総額の大きな銘柄で、事業の比率が低い分野は、業績にはあまり大きな影響を及ぼさないと考えられます。ですから、悪材料が出ても大きく株価に影響することは珍しいでしょう。

しかしこのニュースの場合、検査という企業

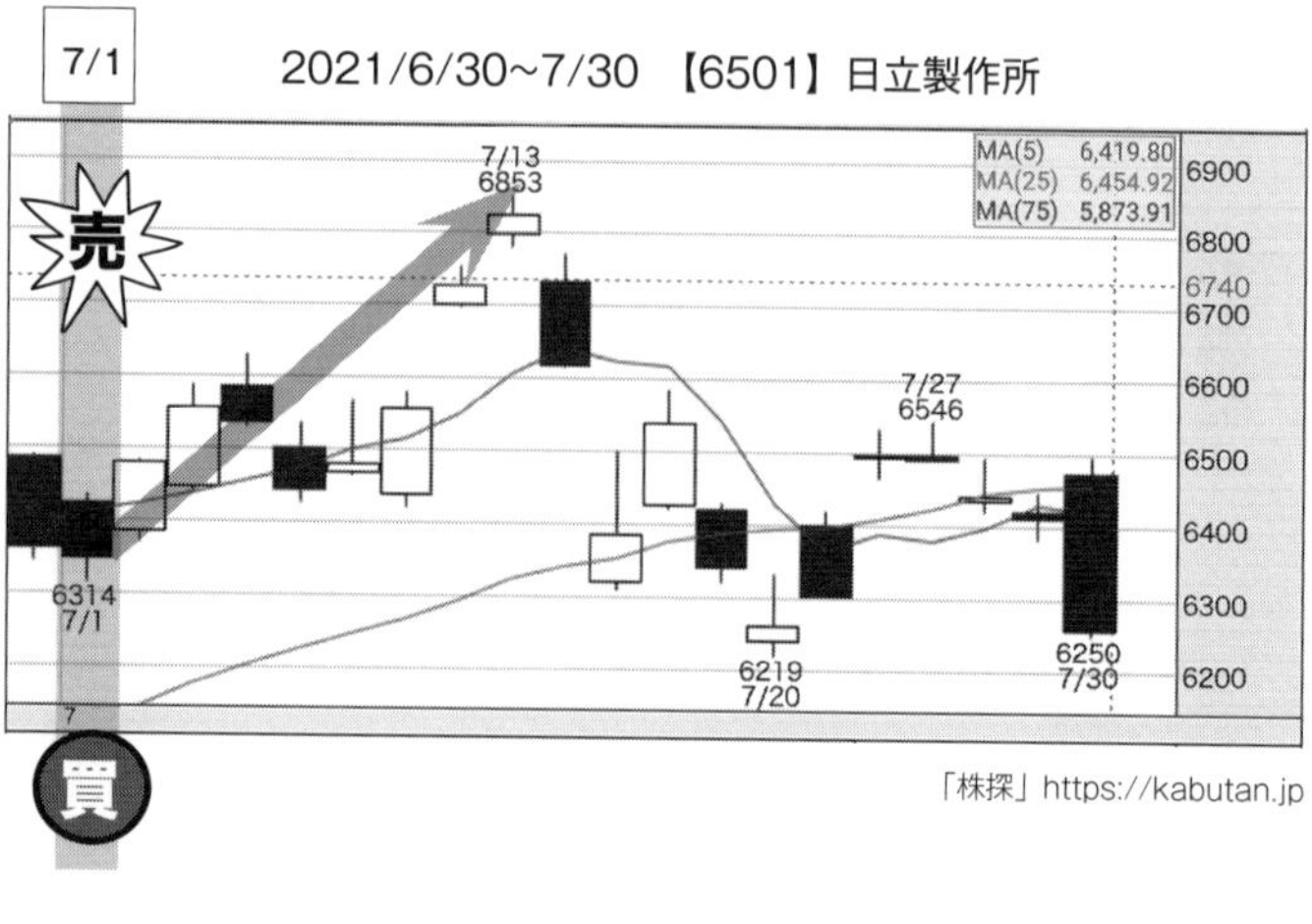

「株探」https://kabutan.jp

の体制に関わる問題なので、すごく注目されたのです。過去にも、他社のＢ２Ｂ関連の検査の不正は、株価が下がり続ける例が多々見られています。

事業の比率は確かに重要ですが、ニュースの質にもぜひ注目して、どの程度の悪材料なのかを見極めてください。

三菱電機の株価はそのうちどこかで復活すると思いますが、中長期で厳しい状態が続くタイプの悪材料だったと思います。

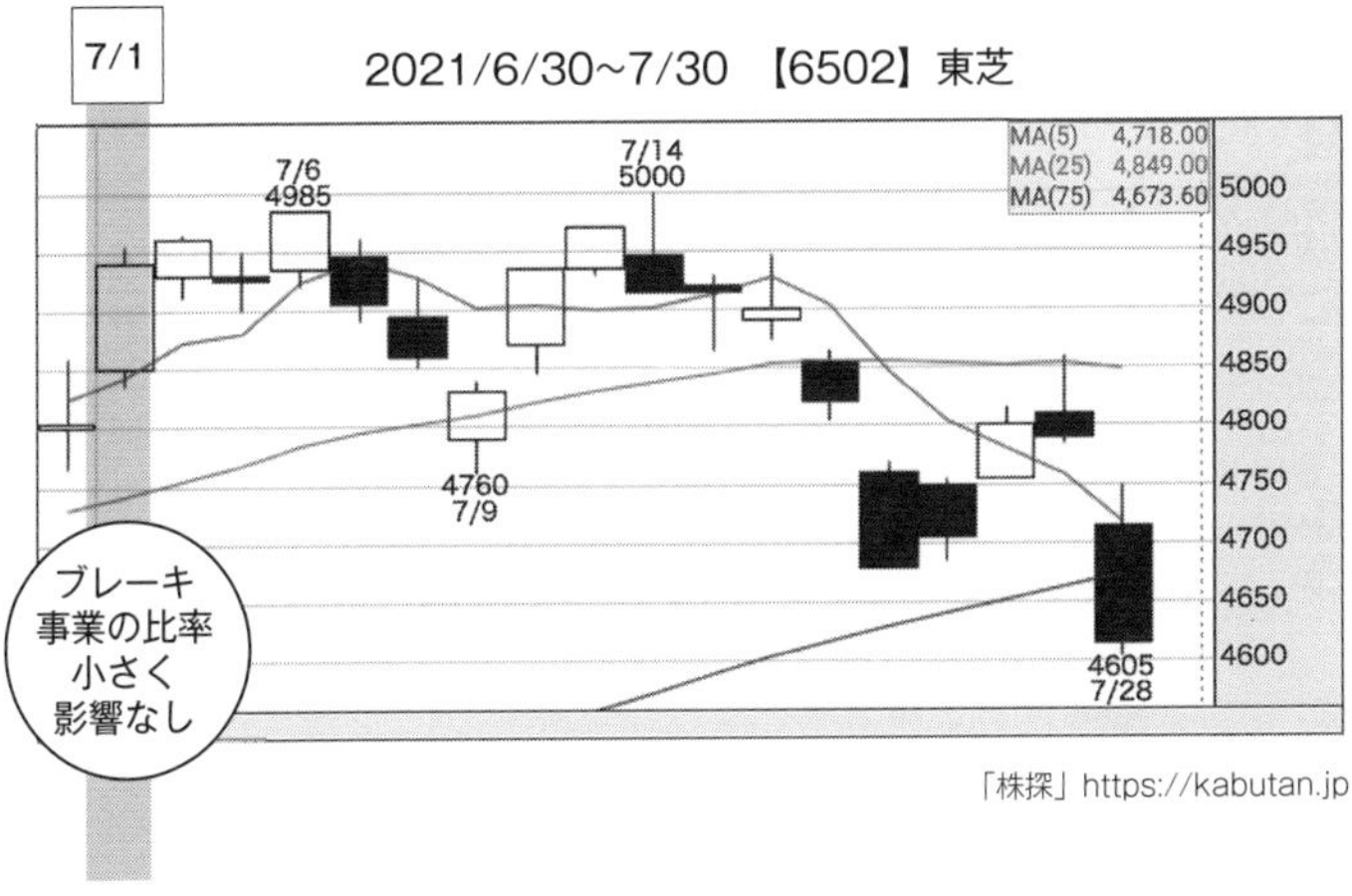

「株探」https://kabutan.jp

中面の記事「9時過ぎ銘柄」に要注目です

中面のニュースで注目すべきは、どの面にあるか？　そして、その記事が目立つかどうか？　です。もっと詳しくいうと、

「**普通の人は、気づくのか？　それとも気づかへんのか？**」

です。

だいたい、中面の記事というのは、1面の記事に比べて気づくのが遅い記事です。でも、見る人はちゃんと見ている。その見る人がどれくらいいそうなのか、が大事なんです。

その〝気づいてくれる具合〟が、

「9時過ぎに気づいてくれるくらいやったら、ちょうどええなぁ」というところ。

朝一番には見逃すけれど、ネットのニュースとかではそれなりに出てきそうな記事。そ

れくらいが、先読みして仕込むのにちょうど良いんですね。

しかも、そこに気づいて9時過ぎてから買い始める人がボチボチ出てくれる程度の、好ましい材料だとなお良いでしょう。

というのも、**上がりだすと、みんなその理由を求めて検索し始める**んですね。だから、日経新聞の中面で見て買った人がぼちぼちいて、ちょっと上がったところで誰かが理由を掲示板やらTwitterやらでつぶやいてくれるようだと、良いんです。


ちなみに、他のニュースソースを検索してみて、同じことを伝える記事なのに、書き方や表現が違う場合は要注意。

たとえばの話、単に〝赤字転落〟と書かれているのか、それとも、〝今期は赤字だけど来期は黒字転換予定〟とまで書かれているか、というような違いです。

読み手の受け取り方ががらりと変わるので、そこまで織り込んで予想していきましょう。


さて、9時過ぎからじわじわと上がった事例をご紹介いたしましょう。2021年7月16日の日経新聞朝刊中面に、社名が出ていない「AI創薬、コロナでも活躍」と題する記事が載っていました。まさに、「気づかれにくいけれど、好材料で9時過ぎからじわじわ上がる」という代表格のようなニュースです。

で、実際に上がったのは【2158】FRONTEOです。

会社のホームページを見るとわかるのですが、自然言語処理に特化したデータ解析をやっている会社です。要するに、独自のAIを開発して、データ解析をやっているんですね。製薬会社ではないのでちょっと気づきにくいのですが、会社のホームページを見ていると、すぐに医療分野にAIを活用していることに気づきます。創薬に、FRONTEOが開発したAIを活用しているとの読み物も、ホームページには載っているんですね（https://lifescience.fronteo.com/aidiscovery/cascade-eye/）。

FRONTEOがAI創薬を手がけていることを知っていたならば、この記事が出た段階で先回りしての「買い」が正解です。実はFRONTEOは15日の引け後に介護施設向け転倒予測AIシステムの開発について発表しています。相乗効果が狙えました。

こういった新分野やベンチャー系の企業の先回り買いについては、「知っているもの勝ち」の面があります。もし、自分で特に興味のある分野があったら、日頃から企業サイトの読み物に目を通しておくなど、銘柄を研究しておくと、いざというときにパッと動けますよ。

2021/7/16　日本経済新聞　朝刊16面

AI創薬、コロナでも活躍

薬候補特定 数年が数日で

開発期間の大幅減に道

膨大なデータから分析

増える費用 30年で14倍

「株探」https://kabutan.jp

企業面では、「お隣の会社」にこそ注目！

企業面には、企業を紹介する記事や業界のトレンド、現況分析なども掲載されています。

こうした記事で、**具体的な銘柄名が出ていてそそられたら、ぜひ、その会社だけでなく、同じ業界の他社や、取引関係のある会社のこともチェックしてみてください。**

というのも、ある業界が好調であれば、そこで取り上げられている会社以外の業界他社も調子が良いはずですし、原料・部品の仕入れや製造など、取引のある会社、たとえばスマホが好調であればスマホの部品製造メーカーも好調だと推測できるからです。

そして、先読みするうえでは、こうした〝お隣の会社〟に注目することが大事なのです。具体的な銘柄名が出ていると、寄付きですぐに値上がりしてきます。だから、その日朝刊を見てアクションを起こすと、一足遅かったということもあり得ます。

しかし、みんながすぐに〝お隣の会社〟に気づくわけではありません。その銘柄がかなり上がったところで、

「この銘柄はもうそろそろ上がり切ったから、次に上がるの探そ」と考え、そしてようやく〝お隣の会社〟に目が向かいます。「風が吹けば桶屋が儲かる」という言葉があります。風が吹いて砂が舞うと目に入り、長くなるので詳細ははしょりますが、ネズミが増えて桶がかじられるので、桶屋が儲かるわけです。ですから、風関連銘柄の隣の銘柄は、桶屋です。

そこで先読みをするなら、まずは〝桶屋〟をチェック。企業面に**具体的な社名が掲載されていた銘柄が上がり始めるのを確認してから買っても、充分間に合います。**

さて、「風が吹けば桶屋が儲かる」系の事例をご紹介しましょう。2021年7月14日日経新聞朝刊1面に、「鉄道における土砂災害リスク」についての日経新聞の調査記事が掲載されていました。ここ数年は夏季に深刻な豪雨災害が頻発していますから、投資家にとっても非常に関心の高いニュースです。

この記事が取り扱っている土砂災害が「風」だとしたら、儲かる桶屋はどんな会社でしょうか？　土砂災害が起きれば、復旧工事が必要になります。そこで、鉄道会社系列の建設

会社にメリットが生じると考えられます。

実は、鉄道工事に強いゼネコンがあるんです。その名も【1815】鉄建建設。JR東日本が筆頭株主となっていて、JRのほか、官公庁や民間からも受注しています。ゼネコンにも得意分野があると知っていたら、ピンとくる銘柄ではないでしょうか。値動きを見てみると、記事が出た当日は、9時からじわじわと上がり続け、その日の引けでは売り戻しがあったものの、翌日の寄付きでも再び上がりました（その後にすぐ、売られましたが）。

1日かけて上がっていったので、9時前に記事を読んでいたら、その日の朝に銘柄を探して仕込んでも間に合ったはずです。

ところで、企業ではなく業界全体が出ていたら、みんなはどの銘柄を買うと思いますか？答えは業界第1位。つまり一番大きな会社です。気づきやすいからです（なお、大きな会社というのは、売上高が大きいのでなく、時価総額が大きな会社です。株の世界では、時価総額が小さいと株価が下がったときに買収されやすいため、業界内での順位は〝どれだけ買収されにくいか〟で決まるんです）。そして、業界の良いニュースが出たときは、株価は業界第1位から順番に、値上がりしていきます。

そこで、記事を見たら、すぐに第1位と第2位の銘柄をチェック。**第1位が動き始めたら、そこはスルーして第2位を買う。**それが、賢い先読み術です。

2021/7/14　日本経済新聞　朝刊1面

鉄道1900キロ 土砂災害リスク

本社調査、警戒区域重なる

豪雨頻発 復旧費重く

総延長に占める土砂災害警戒区域を走る距離の割合が高い上位10社

	社名(本社所在地)	土砂災害警戒区域を走る距離の割合
1	松浦鉄道(長崎)	37%(34km)
2	秋田内陸縦貫鉄道(秋田)	18%(17km)
3	肥薩おれんじ鉄道(熊本)	16%(19km)
4	長良川鉄道(岐阜)	16%(11km)
5	ウィラートレインズ(京都)	15%(17km)
6	京浜急行電鉄(神奈川)	14%(13km)
7	智頭急行(兵庫)	14%(8km)
8	大井川鉄道(静岡)	13%(9km)
9	JR四国(香川)	13%(111km)
10	えちごトキめき鉄道(新潟)	13%(13km)

注：総延長50キロメートル以上の鉄道会社が対象。カッコ内の数字は土砂災害警戒区域を走る距離

2021/7/14~7/16
【1815】鉄建建設

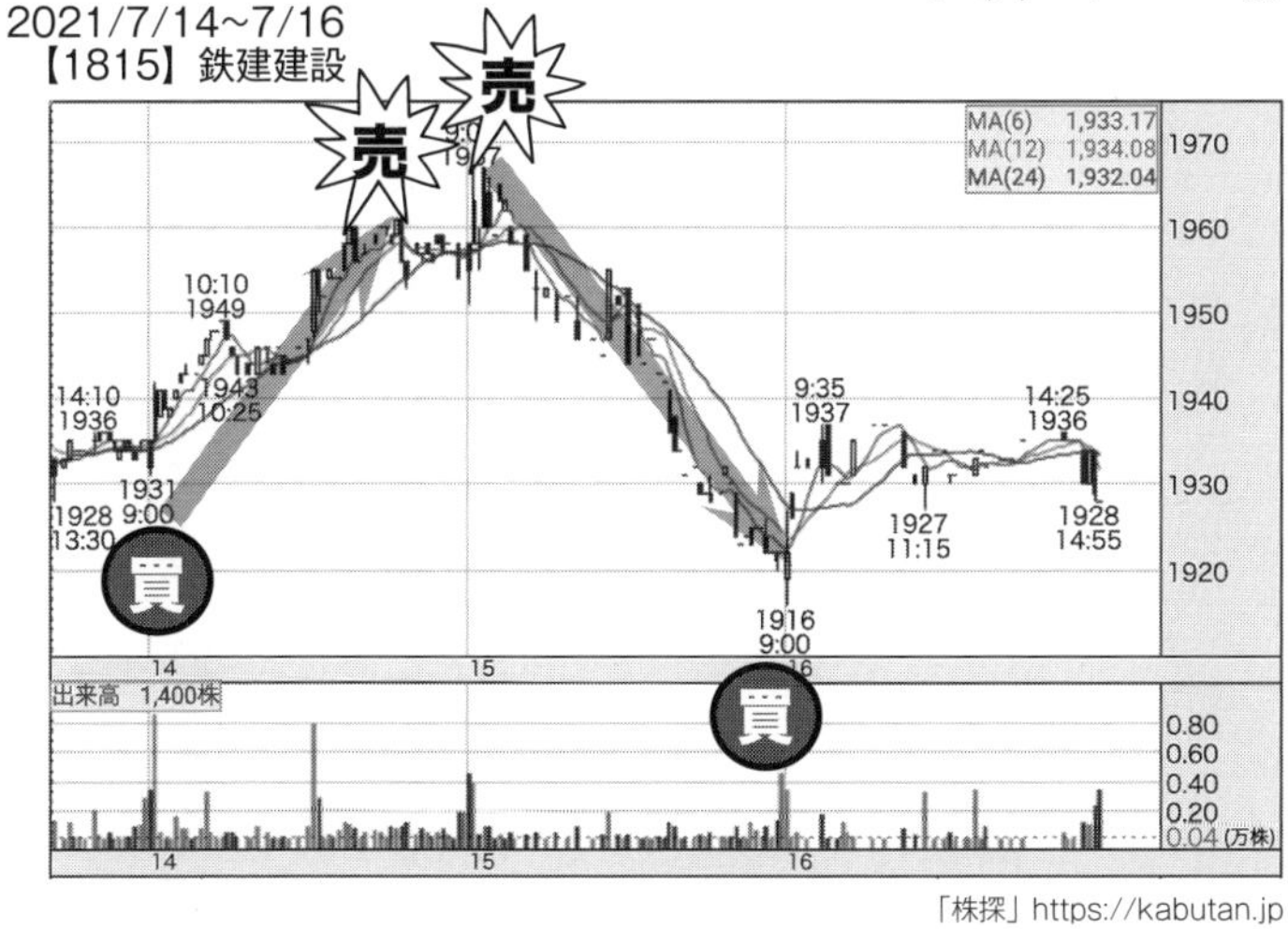

「株探」https://kabutan.jp

商品面は、銘柄仕込み情報の宝庫です

※ただし「週末まとめ読み」をおすすめします

いろいろな新商品情報や、注目商品情報が掲載されている商品面。ここは、今後の世の中がどうなるのかをつかむのに、もってこいのページです。そして、ここでチェックしておいた情報を、後で活用して儲けましょう。

注目すべきは、

「こういう商品が出てきたから、こんなふうに世の中変わんねんでー」

「この商品が流通してきたら、今後はこっちも売れてくるんちゃうかー」というような、**〝変わる〟ことに関する商品情報**です。

〝変わる〟ということは、変化によって世の中の流れが変わるということ。今までのトレンドから新しいトレンドへと移行する予言のようなものなんですね。

でも、新商品の段階では、まだまだ3歩も4歩も先読みです。それが半歩先まで近づいてきたら、動きどきです。

でも、今が半歩先やって、どないしたらわかるん？

それは、〝数〟を示す情報が出てきたときです。

〝対前年比＋○％の伸び〟とか、〝売り切れ〟とか、とにかく世の中に〝流通しだした〟〝みんな使い始めた〟感を感じさせる情報が出たら、投資家も世の中が変わったことに気づきます。

でも、そこで初めて銘柄を探しだすのでは、せっかく数歩先に気づいても台無しです。

そこで、**新情報に気づいたら、すぐに銘柄の目星をつけておきましょう。**もちろん、個別の銘柄名が出なかったときに備えて、業界内の順位にも目配りしておきます。

そして、記事が出るまで、週末の時間があるときにでも、チャートをチェックしておけば良いでしょう。すると、いざ記事が出たときに、半歩先に手を打つことができます。

また、「変わる」や「新情報」のほかに、好調業種を取り上げる記事もあります。2021年7月6日には、亜鉛が2年ぶりに高値圏にあるとの記事が出ていました。特定の企業名が出ていませんが、日本の上場企業で社名に「亜鉛」という文字が入っているのは、【5707】東邦亜鉛だけです。もちろん、亜鉛を扱っている会社は、三井金属をはじめ数社ありますが、一番わかりやすい銘柄なので、実際にすぐに上がりました。

遅れて上がってきたのは、【5714】DOWAホールディングスです。事業における比率はさておき亜鉛を手がけていることは確かで、値上がり率は2．5％でした。

このように特定の業界に好材料が出たときは、社名が出なくても関連銘柄が上がってきます。そこで、寄付きで買っておけば、後からじわじわと上がるパターンです。

ちなみに、業界全体の好材料の場合は普通、時価総額が大きい銘柄のほうが投資家に見つけられやすいのですが、この場合は記事と社名が結びつきやすいことから、東邦亜鉛のほうが先に気づかれたようです。

2021/7/6 日本経済新聞
朝刊 17 面

亜鉛、2年ぶり高値圏

円建て 国際相場にマネー流入

鋼材のめっき加工などに使う亜鉛の円建て価格が約2年ぶり高値圏にある。新型コロナウイルス禍を受け各国で積極化した金融緩和で投資マネーが銅など非鉄金属市場に流入し、亜鉛の国際相場を実需以上に引き上げた。国際相場高は足元で落ち着きつつあるが円建て相場は当面高止まりするとの見方が多く、製造業などのコスト高要因になる。

車産業の収益圧迫も

三井金属によると、国内の亜鉛建値の6月平均価格は前月比2700円高い1トン37万8700円だった。直近安値を付けた2020年3月から46%上昇し、2019年4月以来の高値圏にある。国際指標のロンドン金属取引所（LME）の亜鉛価格は5月中旬に1トン3108・5ドルと、18年6月以来約3年ぶりの高水準を付けた。現在もピーク比ではやや下げたものの、2900ドル台の高値圏で推移する。

国際鉛亜鉛研究会（ILZSG）によれば、21年1～4月の亜鉛需給は世界全体で3・1万トンの供給過剰だった。25・6万トンの供給過剰だった前年同期に比べて余剰感は薄れたものの、逼迫感には乏しい。

需給の引き締まり感が薄いなかでも価格の上昇が続くのは投資マネーの影響だ。コロナ後の金融緩和に加えて各国が脱炭素に傾斜し、銅などの非鉄金属には長期的な需要の増加を見越す投資家が資金を振り向ける動きが拡大。非鉄価格を押し上げた。

亜鉛は自動車や家電製品、建築資材のさび止めなどの表面加工が主用途。電気自動車（EV）や再生エネルギー発電の導電材料として需要の大幅増加が期待されている銅などに比べ、脱炭素による直接的な恩恵は少ない。ただ、非鉄金属に投資するファンドの中には銅だけでなく亜鉛やアルミなどに一定割合ずつ分散投資するものも多い。

こうしたファンドの一つである「インベスコDBベースメタルズファンド」には直近1年間に約2億ドルの投資資金が流入した。東邦亜鉛の小島崇明金属営業部長は「亜鉛は銅につられて上昇した側面が強い」と指摘する。

高値はしばらく続く可能性がある。当面は主要国の金融緩和が継続するうえ、コロナ後の経済再開に伴って自動車関連など需要も回復傾向にあり、需給面で今以上に緩む材料は乏しいためだ。

亜鉛相場の高騰は国内の製造業の生産コストを押し上げそうだ。鉄鋼メーカーの担当者は「相場上昇の影響が出ている。鉄鉱石価格の高騰とともに、めっき鋼板の値上げ要因の一つになっている」と話す。めっき鋼板の主要な需要分野である自動車業界などの収益を圧迫しかねない。

中国では非鉄高に伴うコスト上昇を受け、亜鉛などの国家備蓄を放出する方針を打ち出している。ただ、備蓄放出はあくまで中国内の需給調整やインフレ抑制政策で、世界の需給への直接的な影響は少ないとの見方が多い。今後、大規模金融緩和を続けてきた米国が引き締めに向かい、積み上げられた投機マネーが流出に転換するタイミングで初めて亜鉛も本来の需給で動く市場に戻ることになりそうだ。

（コモディティーエディター 浜美佐、蛭田祥子、桝田大輔）

日鉄、鋼管値上げ 9月分から

日本製鉄は自動車や建材などに幅広く使う鋼管の一般流通（店売り）向け価格について、9月製造分から1トン1万円引き上げる方針を決め、需要家に申し入れ始めた。鉄鉱石などの原料価格や物流費の上昇が続いており、コスト上昇分を転嫁する。

対象は炭素鋼鋼管の全品種。値上げは今年に入って3回目となる。同社はこれまでに2月引き受け分から1トン1万5千円、5月引き受け分から10%の値上げを表明している。大口需要家向けの「ひも付き」取引についても、価格引き上げの交渉を進める。

これまでのメーカー値上げは流通市場で段階的に浸透している。液体や気体を通す配管向けに使うガス管の高炉品（黒）は、現在の問屋仲間価格が1トン17万円前後と前月比5千円（3%）高い。直近安値からは2万円（13%）上がった。

需要は分野ごとに差があるものの、建築・土木向けで「民間や公共の工事が動き出し、引き合いが増えている」（鋼管特約店）。材料の薄鋼板不足による供給の縮小から、鋼管は品薄だ。

2021/7/6 【5707】東邦亜鉛

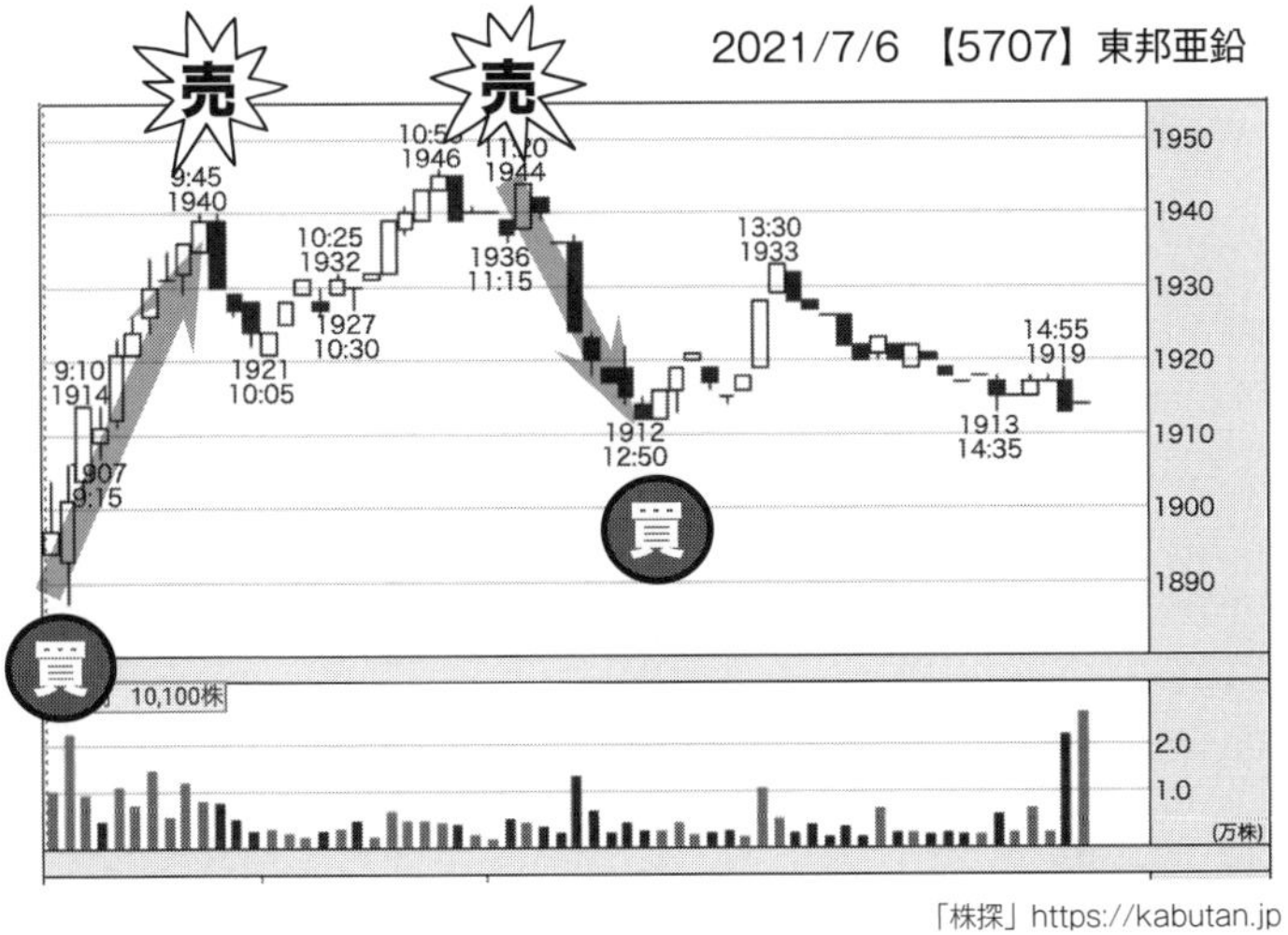

「株探」https://kabutan.jp

流通・トレンド面で、キーワードを確認しましょう

※ここも「週末まとめ読み」でOKです！

商品面のチェックが〝変わる〟もの・こと探しだとしたら、流通・トレンド面は、**〝続くもの・こと〟**の判断に使いましょう。

すでに起こってしまっている出来事は、今後変わるのか、続くのかで、大きく判断が変わります。〝今後も続きそう〟であれば、今までに使った〝上がるパターン〟を、今後も使える可能性が大きい。だからこそ、〝続きそう〟な動きを見つけたら、そのキーワードを使って、過去にブレイクした銘柄と、どんな値動きをしたのかを研究しておきます。

たとえば、しばらく続いている流れだと、〝エコ〟や〝スマホ〟は、今後数年間も、依然注目すべきキーワードです。このほかにも、今後数年間は大きく注目される流れがあるはずなので、自分の得意なジャンル、たとえば趣味のジャンルや興味のある事柄、専門知

識がある分野などで探してみると、自分の得意な儲け方を身につける近道にもなります。

特に、〝**習慣化するもの**〟は、株価に反映されやすいので、ぜひ注目してください。生活習慣に関係する、衣食住や通勤・通学、毎日使うものなどは影響力が大きいと、投資家はみんな思うんですよね。

だから、何かニュースが入ると、ブレイクしやすいんです。

そして、こうしたキーワードに紐づくようなニュースが出ると、だいたい、特定のパターンで値上がりしていきます。業界第1位から順に上がっていく場合もあれば、特定の銘柄だけ、いつも上がることもあります。上がるだけ上がったら下がっていく場合も、どのくらいで下がるか、それともブームはそこそこ続くのか、そのパターンも事前にチェックしておきましょう。

さて、日経新聞の流通・トレンド面のほかに、日経電子版では日経ＭＪ（流通新聞）の記事も読めます。ここでも、流行が定着しライフスタイルの変化として表れた事例が取り上げられています。

この先を振り返っても、2020年代の最も大きな出来事とは、コロナ禍であることは間違いありません。コロナ禍でライフスタイルがどう変わったかを考えると、やはり、「おうち時間が増えた」「アウトドアを楽しむ人が増えた」「人と会わない趣味や娯楽を持つ人が増えた」ことではないかと思います。

そこで日経MJがヒット商品として取り上げていたのが、DIYと園芸の消費拡大についてです。

こういう記事はパッと値上がりに反映されにくいのですが、その代わりにじわじわと時間をかけて上がってきます。

2021/5/11~8/11 【7590】タカショー

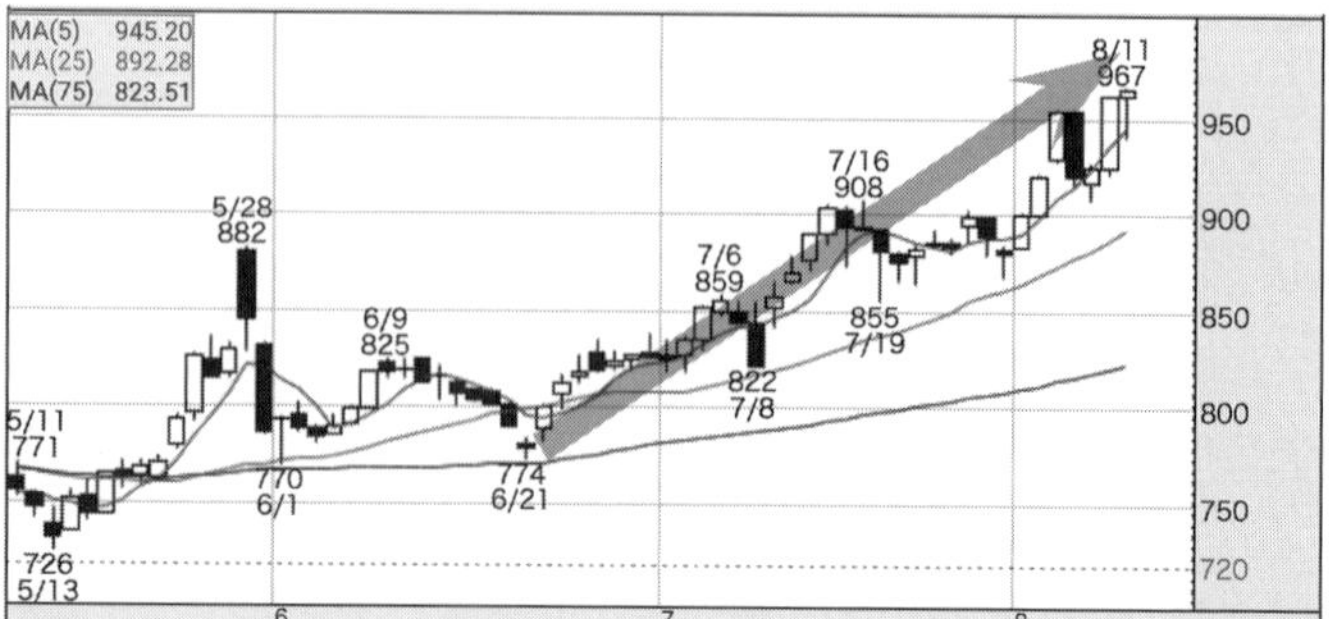

「株探」https://kabutan.jp

それで園芸銘柄として値上がりしてきたのが、ガーデニング用品で国内トップの【7590】タカショーです。在宅時間が増えて、人に会わなくてもできる家庭菜園や庭いじりに人気が集まり、桶屋銘柄としてタカショーにもメリットがあるというわけです。

キャンプ関連も、コロナ禍以前からキャンプ芸人やアニメなどで注目され始めていましたが、コロナ禍で人気が爆発した感があります。もし、アウトドア銘柄を探すのなら、定番の【7816】スノーピークのほかに、Webマーケティング支援とWi－Fiルーターレンタルの事業から新たにグランピング事業に参入した【9416】ビジョンなんかが今後は伸びていきそうで、注目しているとおもしろいかと思います。

さらに、こうした流行やトレンドに関する記事から、コロナ後についての連想を発展させるというのもアリです。

私は、コロナ禍が収束すると、我慢していた人たちがそれなりにお金を使うことになるので、消費が一時的に特需状態で拡大するんちゃうかな、と予想しています。

いろいろと連想を働かせて、自分の注目銘柄を見つけておくと良いですね。

TV面では、情報バラエティの放映前に買っときましょう

テレビ欄には、銘柄のヒントなんてない？　そんなことはありません。

『ガイアの夜明け』
『情熱大陸』
『がっちりマンデー!!』
『セブンルール』

などなど、企業やその商品・サービスを紹介するテレビ番組はたくさんあります。

そして、こうした番組では、基本的に悪い情報は流れません。そして、株を買う人買わない人にかかわらず、たくさんの人に、

「こういう会社があるんやなぁ」

と気づかせる効果があります。するとそこから急に売上が伸びる、業績も良くなるとい

う効果があります。

つまり、一般消費者がその会社に気づくことが、業績向上につながるわけです。

なので、もしテレビに紹介されてもすぐには株価へ反応しなさそうな銘柄だったら、**現状の移動平均線が上向いていたら買えば良い。**下向いていたら、上向くのを待って買えば良いんです。

たとえば2021年5月21日放映の『ガイアの夜明け』では、「アパレルサバイバル！」と題して、【8011】三陽商会・大江伸治社長のインタビューが取り上げられました。そして、番組放映以降、株価は明らかに、きれいに上がっているんですね。

三陽商会は高級ブランド・バーバリーとの取引

2021/5/1~6/30　【8011】三陽商会

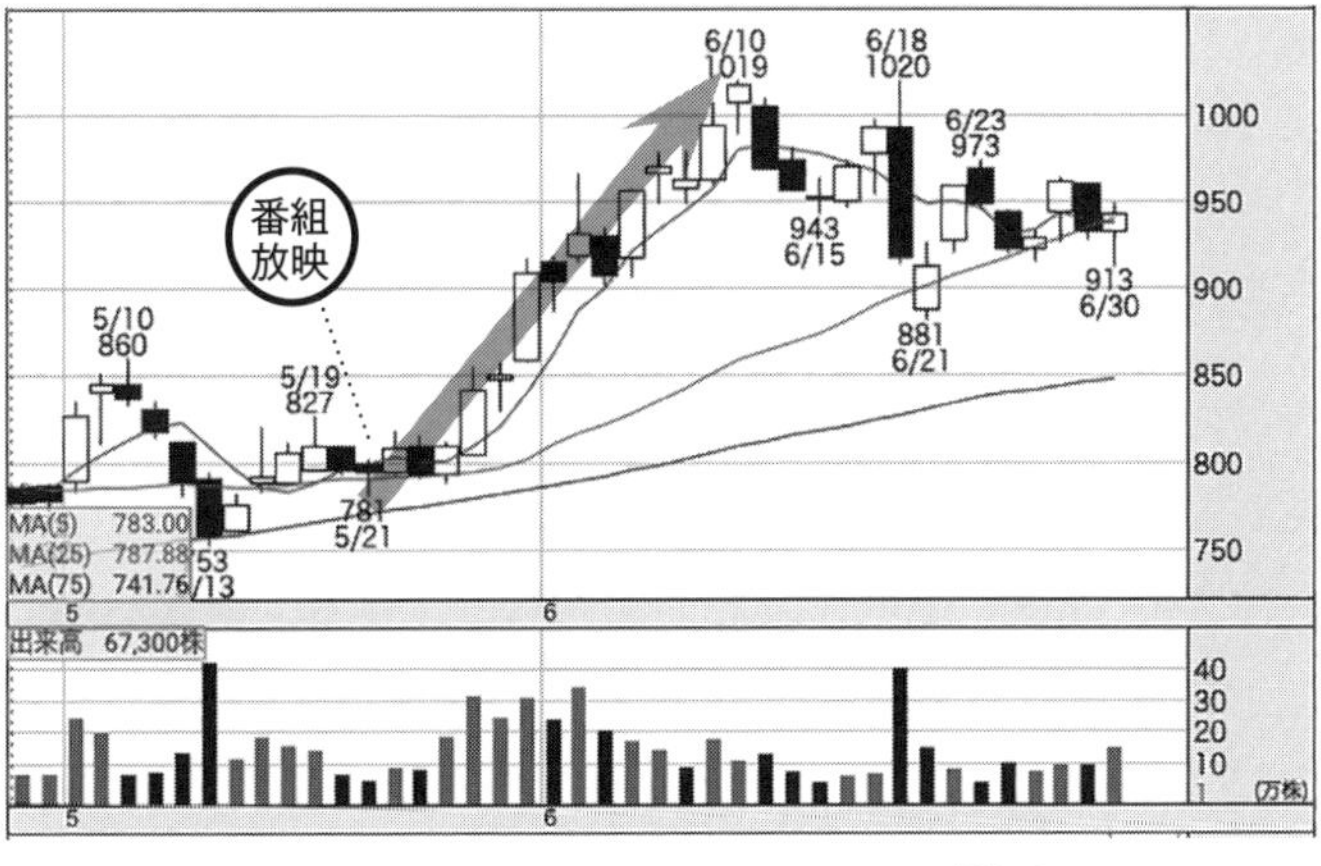

「株探」https://kabutan.jp

がなくなってえらい目にあっていましたが、それが不幸中の幸いとなって、コロナ禍以前から仕入れを抑えていたんですね。そうした事実が伝わり、この番組で「いけるのかな」と思った人が多くて上がったと思われます。

また、オンエア翌日に爆上げする例もあります。

たとえば、『マツコの知らない世界』であまり知られていなかった会社が紹介されたような場合です。

その日の夜に、目当ての銘柄にからむ内容が放映されるのであれば、放映時間までに仕込んでおくことです。

手じまいまでに買っておければ良いし、昼の番組なら、テレビガイドなどを見て、あらかじめ買っておくのも良いでしょう。

とにかく、番組を見てから買うのではなく、放映前に買っておくのがコツです。

あとは、テレビ欄で企業名が明かされていないけれど、目星がつけられそうな場合（特にＮＨＫスペシャルや『プロフェッショナル 仕事の流儀』『チコちゃんに叱られる！』『有

吉のお金発見　突撃！カネオくん』『逆転人生』『サラメシ』など）は、経営者や名物社員のSNSをチェックしておくのも良いですね。

「取材されました〜！」

「ウチの会社が出ますよ〜」

などと書いている場合がありますから。


ちなみに、**NHKの番組では企業名は原則出さないので、番組を見て企業名を想定する**のが良いでしょう。

見ている人はなんらかの形で社名がわかるので、気づかれてから高寄りして上がります。なので、朝注文を出しても間に合うんですね。

高寄りくらいだったら買いですし、みんなが気づくのを待ってから買うのでも、充分チャンスがあります。

社会面チェックで「儲かる」種が見えてきます！

※週末まとめ読みで充分です

社会面は、企業ニュースよりも事件や、ちょっと良い話なんかの記事のほうが多い面。
でも、ここでも先読みで使えるネタが拾えます。
特に気にしてほしいのは、大きな事故や事件。
それも**人が亡くなって、社会問題になるようなニュース**は、チェックしておくべきです。

というのも、人が亡くなる事件や事故が起こると、〝今のままじゃいけない〟という気運が生まれます。つまり、悪いところを改めなければいけない。そのために法や条例が作られたり、対策のための工事が行われたりします。

つまり、**世の中を変える力を持ったニュース**といえるんです。

ちょっと古い例だと、老人ホームの火災で火災報知器やスプリンクラーの設置が問題に

なり、【６７４４】能美防災が上がったことがありました。

笹子トンネルの崩落事故が起こったときは、インフラの補修や補強に対する公共投資が強化されるきっかけになりました。

すぐに反応して、デイトレで利食えるほど値動きの速い事件・事故はまれですが、それでもチェックしておくに越したことはありません。

また、動きが速い社会面のニュースは、泥棒・万引き関連です。

古くからスニーカーやゲーム、スマホなど、〝人気がありすぎて盗まれた〟というニュースは、世の中のトレンドやブームが、今まさに爆発していることを示すからです。

【６７４４】能美防災

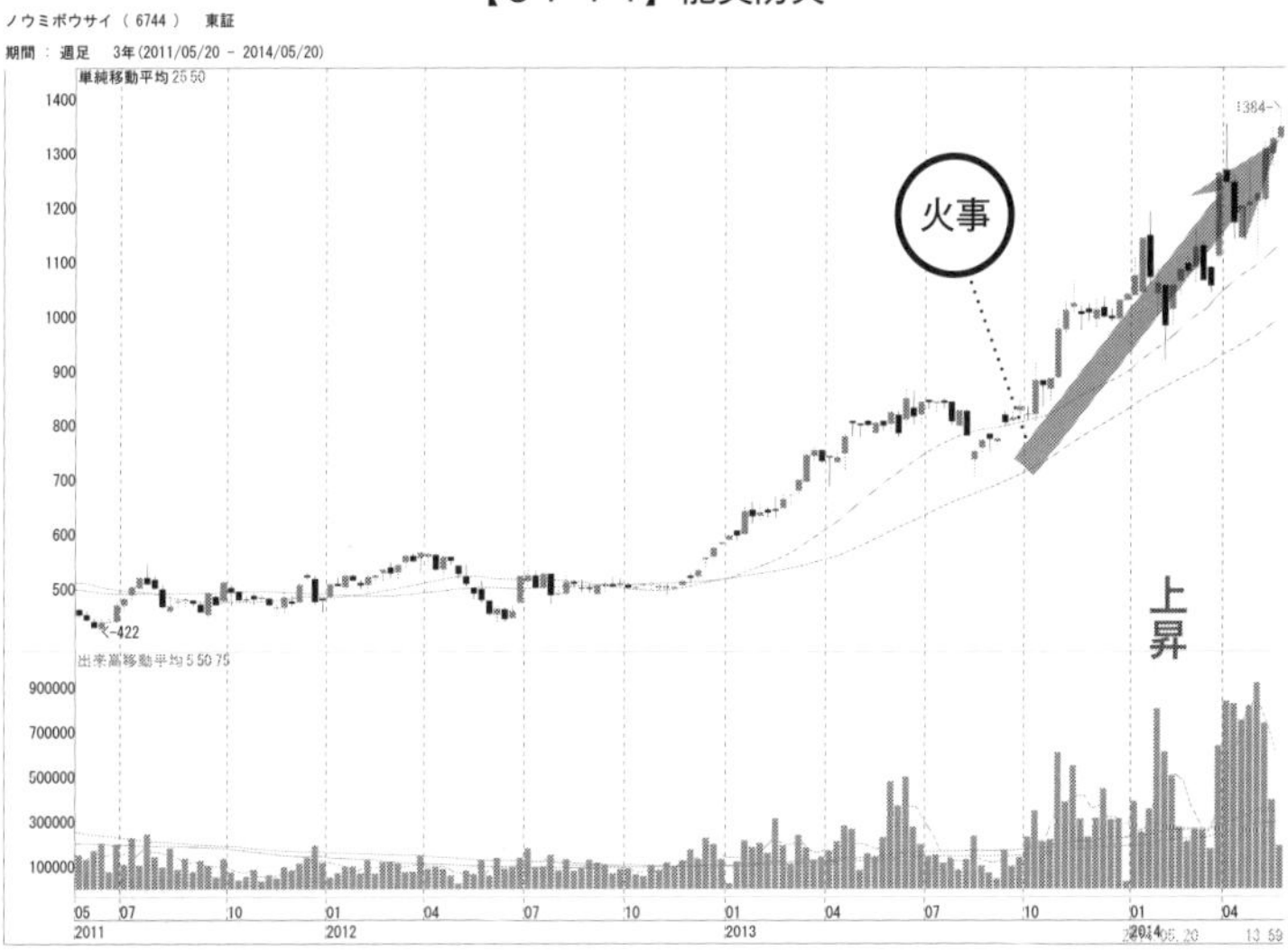

「SBI証券」https://www.sbisec.co.jp

「私の履歴書」は毎月末に注意

さてさて、日経新聞には「私の履歴書」という月替わりの名物連載がありますが、これがけっこう要チェックのコンテンツなんですね。

というのも、これは各分野の大物が自分の半生を語っていく連載で、日経新聞という媒体の特徴から、大企業の経営者が登場する割合が、けっこう高いんです。

で、この連載で登場するということは、**少なくとも連載期間の1カ月は、**

「この会社の悪いニュースは出ぇへんやろ」

と、投資家はみんな思うっていうのがポイントなんですね。

まぁ、そうですよね。

本人やその会社に万一不祥事が起こったりしたら、載せる日経も、受ける企業側も、面目丸つぶれですから、細心の注意を払って、満を持しての登場となることでしょう。

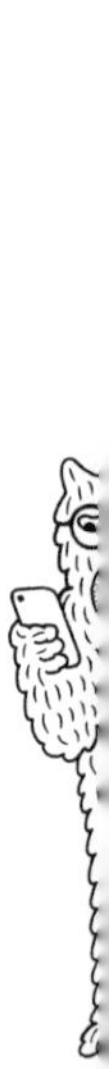

じゃ、この「私の履歴書」でどう儲けるか、なんですが、ポイントは**月末最終日**。

この連載、1日に始まって末日に終わり、次回登場する大物の名は、連載最終日、つまり月末に発表されます。

そして、**上場企業の関係者の連載期間中は、おおむね堅調であることが多いのです。**

中長期投資にも興味がある方は、末日に銘柄がわかったらすぐに買っておいても良いでしょう。また、連載が終わると下がる可能性もあるので、連載終了間際に逆張りしておくのも良い作戦だと思います。

2021/4/30～7/5 【5532】TOTO

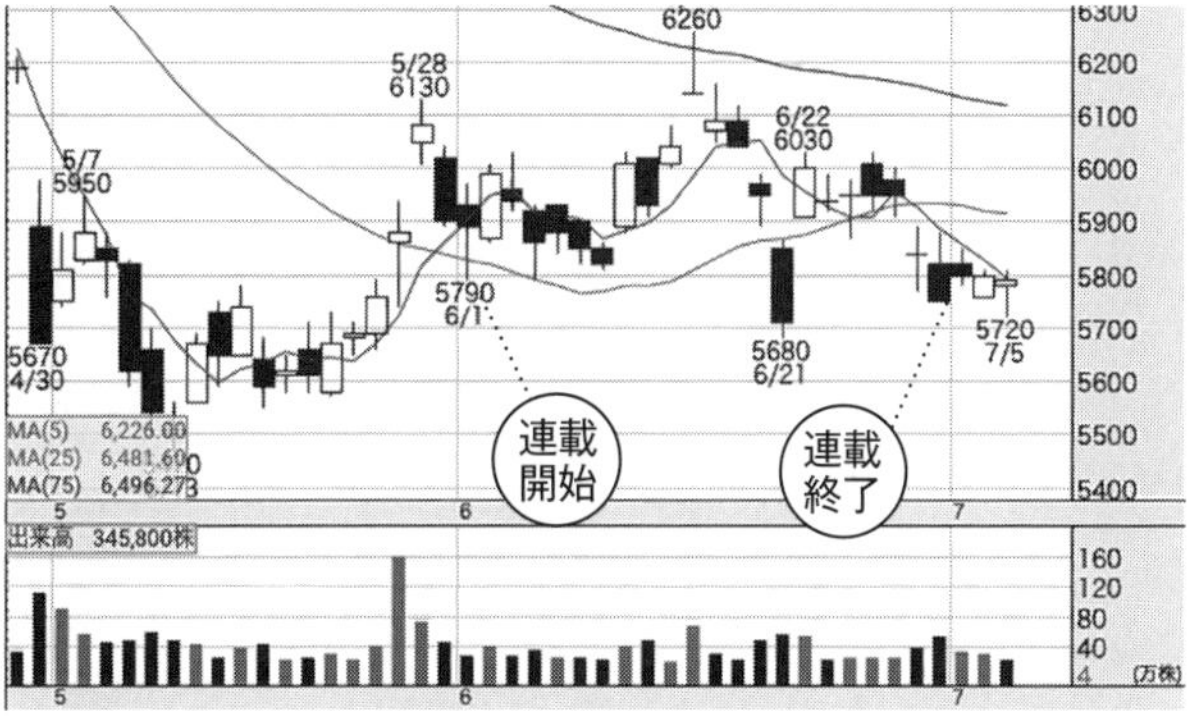

ＴＯＴＯ元社長・木瀬照雄氏の連載は2021年６月１日開始。５月31日のＴＯＴＯは朝方買われて、翌週にかけてそこからしぶとく上がった。中期でみると、６月中は一時下げたものの、反発。連載中は下がりにくいといえる。６月最終週の２８日から下げたが、３０日を底に、連載開始前の水準に戻ろうとしている。

「株探」https://kabutan.jp

特集記事には、ドジョウが何匹？

一度も起きていないことではなく、起きたことに反応するのがマーケット。そして、過去に同じようなことが起きたときと、毎回同じように反応するのもマーケット。

つまり、**ある柳の下に集まるドジョウには、何度でも同じ仕掛けが使える**ってことなんですね。だから、歴史に学ぶ＝値動きのパターンを研究することに意味があるんです。

特集記事に、ある銘柄が書かれていて、業界全体にメリットがあるニュースというのも、代表的な柳の木。

記事に書かれていない**同じ業界の2番手、3番手や、取引先**などの〝お隣の会社〟という同じ木の下のドジョウを探しましょう。ほかにもドジョウを探している人たちがいれば、遅れて上がってくるはずです。

また、特定のキーワードの記事という柳の下にいるドジョウは、いつも同じ顔ぶれだったりもします。
柳の木には、〝似た名前〟というのもあります。2021年5月19日に速報で飛び込んできた、俳優の新垣結衣さんがミュージシャン・俳優の星野源さんと結婚するという、いわゆる「逃げ恥婚」のニュース、ショックを受けた方も多いのでは？　新聞では翌朝に記事にもなりました。

　このニュースを受けて上がったのが、【7952】河合楽器製作所です。なんでこの銘柄が上がったのかわからない方は、企業名を読み上げてみてください。そう、かわいいガッキー！　です。株価ってダジャレで上がってしまうこともあるんです。

　たとえダジャレであっても、時価総額の小さな会社ほど影響を受けやすいのです。

2021/5/20　日本経済新聞　朝刊 30 面（共同通信配信）

星野源さんと新垣さん結婚へ

ドラマ「逃げ恥」共演

俳優でシンガー・ソングライターの星野源さん（40、写真右）と俳優の新垣結衣さん（32、同左）が結婚することを19日、所属事務所を通じて発表した。

2人は連名で「互いに支え合い豊かな時間を積み重ねていけたらと思っております」とコメントを公表した。

2人は2016年放送のTBS系ドラマ「逃げるは恥だが役に立つ」で〝契約結婚〟する夫婦を演じ、今年1月にも同ドラマのスペシャル版で共演した。星野さんが歌う主題歌「恋」もダンスとともに大ヒットした。

マーケット・商品面でも、〝隣の会社〟で勝負

マーケット・商品面には、業界やさまざまな市場のニュースが掲載されています。ここも、気づかれにくいながらも、好材料の宝庫です。中面なので9時過ぎ銘柄もたくさんあるだけでなく、業界のお隣銘柄ネタもいろいろと探せます。

2021年7月13日の日経新聞朝刊のマーケット・商品面には、中古車競売大手【4732】ユー・エス・エスの中古車平均落札価格が高騰しているとの記事が掲載されていました。価格高騰でメリットがあると判断されて、まずはユー・エス・エスが買われて上がるのは予想通りです。

さてこの記事をよく読むと、ユー・エス・エス1社だけの好調ではなく、中古車全体に需要が集まっていると書いてあります。つまり、中古車業界全体が好調ということです。

そこで、まずユー・エス・エスで利食った後は、お隣銘柄でもう一度儲けるという作戦が考えられます。

では、どんなお隣銘柄がよいのでしょう？

私が注目したのは、中古車買取大手の【7599】IDOM（ブランド名はみなさんご存知のガリバー）です。需要が高まっているなら、その上流である買取もきっと儲かってるやろ、という連想です。しかもIDOMは、7月14日に四半期決算を発表するスケジュールだったんですね。171ページのチャートを見てください。14日の場中は値上がりの気配はありませんでしたが、引け後に好決算が発表されると、一段高となりました。

もし、記事を読んだ13日の段階で、IDOMまで連想できていたら、わずか7万円強（100株）の投資で2万円弱も、儲けられたかもしれません。

そやけど、後からやったら、なんとでも言えるやん。

こうした値動きは、事例として解説すると理由は後付けのように見えますが、決して後出しジャンケンには終わりません。というのも、株式市場では、似たことは2度3度と起こるからです。ですから、覚えておいて損はありません。

マーケット・商品面を読んでピン！　ときたら、ぜひ連想を働かせてお隣銘柄に先回りしましょう。

2021/7/13　日本経済新聞　朝刊 19 面

中古車競売価格19％高

6月85万円　新車の出回り遅れで

中古車競売大手ユー・エス・エス（ＵＳＳ）がまとめた中古車の6月の平均落札価格は、前年同月比19％高の85万円だった。13カ月連続で前年同月を上回り、この10年で最も高い。新型コロナウイルスの感染拡大で自動車の需要が堅調な一方、新車の出回りは遅れている。買い替えで発生する中古車の供給も細り、不足感が続く。

出品台数は21％多い約23万7000台。中古車競売価格は、買い取り会社などが出品した車を中古車販売店などがオークションで落札する価格。需給を反映しやすい。

半導体不足の影響で新車の供給は滞りがちだ。需要は新型コロナの感染リスクを高める「3密」を回避するため、マイカー通勤などへのシフトが目立つ。すぐに納車される中古車に需要が集まり、品薄な状態だ。

低額車両の取引が多い日本中古自動車販売協会連合会（ＪＵ中販連、東京・渋谷）の6月の平均落札価格は前年同月比14％高の31万円だった。出品台数は4％多い11万台程度だった。

市場では「新車の販売が完全回復するのがいつになるのか次第だ」との声が目立つ。半導体の供給が正常化し新車の出回りが円滑になれば、値上がり幅は次第に小さくなりそうだ。

2021/7/13~7/16 【4732】ユー・エス・エス

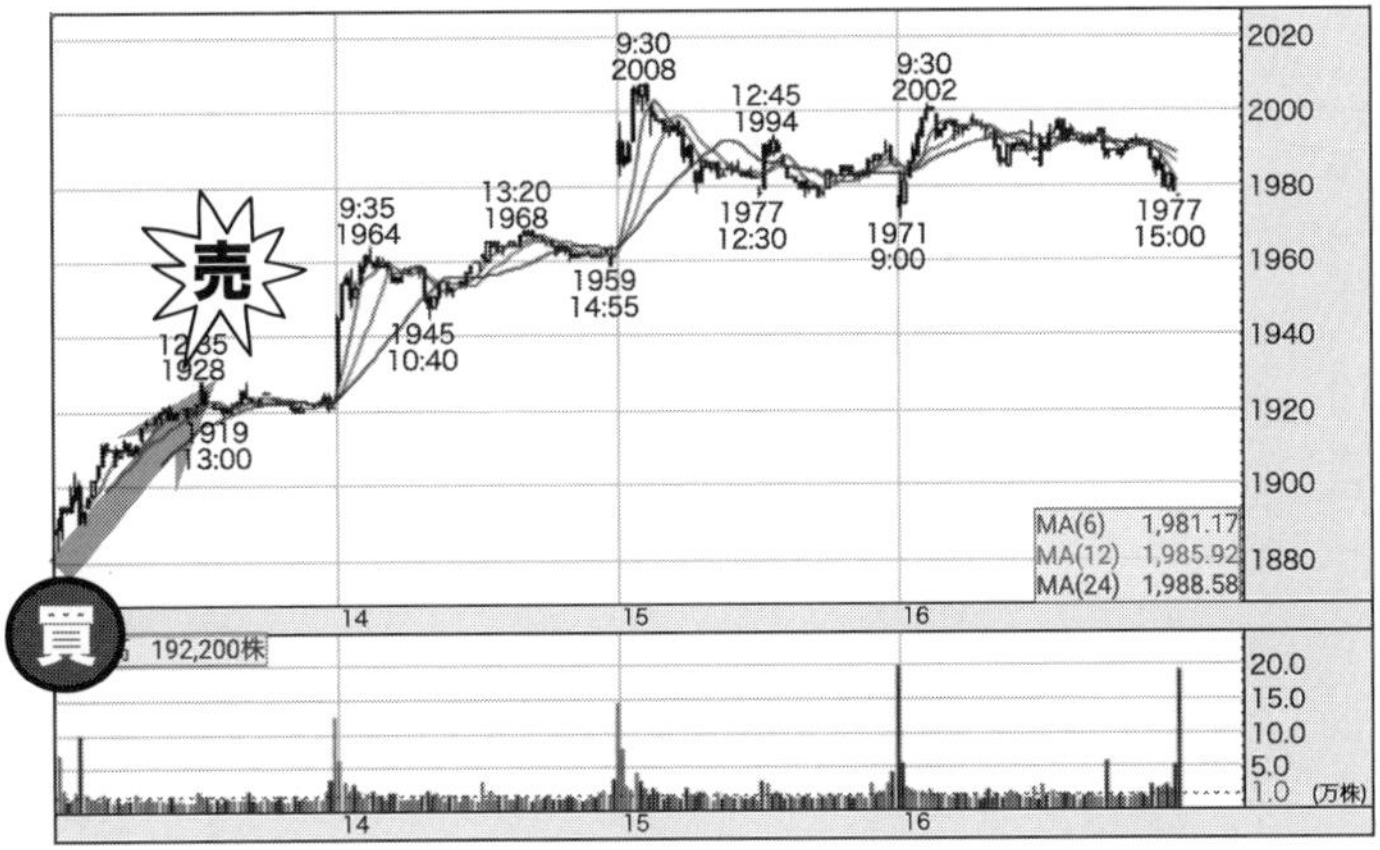

「株探」https://kabutan.jp

2021/7/13~7/16 【7599】IDOM

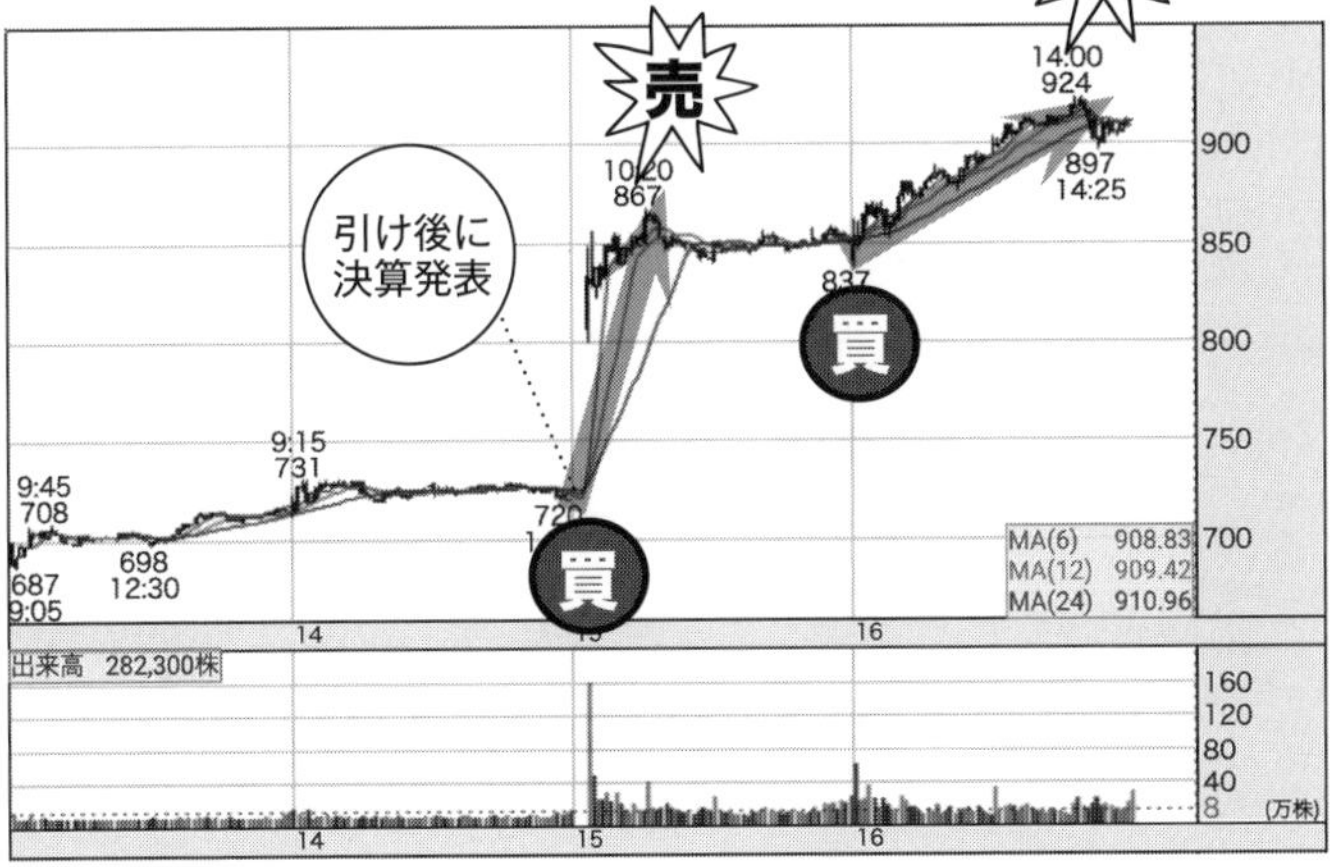

「株探」https://kabutan.jp

そのニュース、スクープ？ それともリーク？

さて、好材料となりそうな、新商品のニュースを見つけました。ところが、念のためにそのニュースを企業サイトで探してみると、まだ発表していなかった！ なんてことがときどき起こります。

これって、スクープなんとちゃう？

そう考えたいところですが、実際は、企業からのリークというケースのほうが多いんです。とはいっても、企業としてもインサイダー取引の対象になっちゃうのは困るので、そこにはひっかからない情報だと考えるべきでしょう。

だいたい、企業というのはコストをかけずに商品やサービスが宣伝できれば御の字なわけです。だから、**新聞記事というのは、格好のノンコストの宣伝**。自社で発表する前なら、注目も大きい。

でも、インサイダー取引にあたるリークは禁止されています。じゃあ、何がインサイダー取引にあたるのかって話です。

新商品や新サービスの提供は本来、会社の重要決定事項にあたるわけです。でも、その新しい商品なりサービスなりの売上見込み額が、その会社の売上実績の10％に満たなければ、見逃してもらえるという規定があるんですね。っていうことは、リークした企業からすると、

「その商品やサービスはけっこうイケてるんやけど、ウチの売上の10％まではさすがにいかへんなぁ」

というのが本音。

そこから、**どの程度、その日の市場で株価が伸びていきそうかを予想するのが、あなた**

の腕の見せ所ってことです。

まずは株価動向を見て、上昇トレンドにあれば迷わず乗る。下降トレンドなら、直近が安値であれば反発の可能性があるので、イチかバチか乗ってみる。要は、高値圏でも安値圏でも、わかりやすいところにいれば、買う価値ありです。逆に安値から少し上がっていたり、高値から少し下がっていたりと、高値圏とも安値圏ともいえないビミョーなところにいるなら、取引すべきではないでしょう。

そうそう、リークした後に、会社がＷｅｂサイトで発表するケースもあるので、そこもチェックしておきましょう。

ちなみに、そういうリーク記事を新聞社が載せるメリットはあるのか？　ということですが、もちろん、あります。

新聞記者さんは毎日、いろいろ取材して記事書いて大変やな。

と思っているかもしれませんが、リーク記事は、実は事前に準備している原稿なんですね。で、こういう記事をストックしておけば、ニュースがあまりない日に、使えるというわけです。

夢を壊してすみません。でも、ニュースの裏側は、知っておいて損はありませんよ。

「よいしょ記事」の見極め方

ときどき、「なんで今、この話？」というような記事が掲載されていることがあります。

とはいっても、どうもリーク記事とはニュアンスが違う。

そういう記事は、掲載企業にとって都合の良い〝**よいしょ記事**〟である可能性もあります。見分けるためには、実は〝日経新聞電子版〟が使えるんです。

日経新聞電子版には、契約を伸ばすために、電子版でしか読めない記事を掲載するなどいろいろな工夫がされています。

その工夫の1つが〝経営者ブログ〟で、名物経営者が、ブログ形式で情報を発信しています。建前上は、経営者本人の一人称で語られていますが、多忙な経営者諸氏が自分でお書きになるよりも、記者が口述筆記をするほうが、おそらくは早いことでしょう。

となると、日経新聞の記者が経営者に話を聞きに行き、ブログに書くこと以外の話もしてくるのでしょう。それが記事になっているのではないか、と藤本はにらんでいます。こうした記事は、リーク記事同様〝暇記事〟としてストックされ、どのストックを使おうかというときには、ブログのお付き合いがあるので、優先的に使われるに違いありません。

そしてもちろん、お付き合いですからネタは会社にとって良い＝よいしょネタであることが多いんです。

それで、**経営者ブログに登場する経営者に関する銘柄は、好記事が出てきやすい**んです。記事が出たとき、**瞬間的に買われたようなら、逆張りで売るのが良い**でしょう。暇記事なのですぐに飛びついて買っても、**爆発的に上がり続ける力はあまりないので、すぐに下がってしまう**ほうが多いと思います。

とはいえ、その銘柄が堅調であることに変わりはないので、中・長期で買うには良いのではないかと思います。

ちなみに、好記事の原因が、リークでも経営者ブログでもない場合は、先方からの売り込みネタである可能性もありますよ。

そんな簡単に、「よいしょ記事」見つかるもんやろか？

そうお思いの方もいらっしゃると思うので、事例をご紹介しましょう。2021年7月14日の日経新聞朝刊の中面記事に、「記者の目」というコラム記事がありました。ここで取り上げられていたのが、【9517】イーレックス。業績・株価堅調だということで、効果抜群。記事が掲載された14日の株価は上昇しました。

しかし、企業サイトのIRページなどを見ても、特筆するような発表は、なーんにも出ていないんですね。なので、この記事の効果は1日限り。投資家も「こりゃ、よいしょ記事だったか」と気づいて、翌15日には売られて、株価は元に戻ってしまいました。

こうしたときの先読みとしては、よいしょ記事だと気づいた時点で、高値で空売りします。そして、翌日下げたところで買い戻せば、利幅をとることができます。

2021/7/14　日本経済新聞　朝刊 17 面

記者の目

バイオマス発電のイーレックス

「石炭を転換」で成長

燃料も自社生産に

バイオマス発電大手のイーレックスが脱炭素の流れに乗り業績、株価ともに堅調だ。再生可能エネルギーを求める顧客が増え、過去5年間で平均の売上高成長率は4割超。バイオマスは植物など燃料の確保が難しいが、ベトナムでの自社生産に乗り出したほか、石炭火力発電所のバイオマス転換にも成長機会を見いだしている。

イーレックスは1999年、日短エクスコ（現日短キャピタルグループ）の事業多角化の一環で、日短エナジーとして設立した。2000年に現在の社名に変更し、同年の電力小売り一部自由化を受け、九州や関東地方で電力販売を始めた。

無数の新電力から脱炭素銘柄の一角にのし上がる転機となったのがバイオマス発電だ。13年の高知市を皮切りに、現在は大分県佐伯市や岩手県大船渡市などで計4基の発電所を運営。21年3月期はグループが小売りしている電力のうち、約1割を自社のバイオマス発電でまかなった。

脱炭素の自社電源強化で21年3月期の連結売上高は前の期比60％増の1418億円となった。過去5年間平均の売上高成長率は44％に上る。本業の稼ぐ力を示すEBITDA（利払い・税引き・償却前利益）は21年3月期に前の期比58％増の181億円だった。

大手電力などから石炭火力発電所を買取してバイオマス発電所に転換する「荒業」を繰り出す。4基程度を計数百億円で取得し、粉砕機など専用設備を増設。当面は石炭に30％のバイオマス燃料を混ぜて発電する。22年以降の運転開始を目指す。

バイオマス発電所を新設・転換していく上でポイントになるのが、発電コストの6～7割を占める燃料の確保だ。海外燃料は調達競争が激しく、大量に安定調達するのは難しい。

イーレックスは、燃料となる植物の自社栽培に乗り出した。ベトナムで6月、品種改良した「ソルガム」と呼ばれる植物の試験栽培を開始。生育が早く、最大で年3回収穫できるため、他の燃料に比べて2～3割安く調達できるという。生産目標は20年代前半に年間200万～250万トン。出力約60万キロワットの発電をまかなえるという。これは大型のバイオマス発電所10基分程度に相当する。

減価償却が終わった古い石炭火力発電所を購入してバイオマス転換し、燃料にソルガムを使った場合、発電コストはいくらになるのか石炭などと比較してみた。石炭の調達コストは1トン当たり1万2000円（発熱量は1キロ当たり6000キロカロリー）、ソルガムは同1万4000円（発熱量は同4000キロカロリー）と仮定し、出力15万キロワット（発電効率38・6％）の発電所を取得したケースで試算した。

石炭専焼の場合は1キロワット時当たり6・8円。ソルガムの30％混焼では8・7円、60％混焼では9・9円、ソルガム専焼では11・4円だった。バイオマス発電事業者協会によると、輸入木質燃料を専焼した際の発電コストは一般的に20円前後で、これと比べれば競争力はある。ソルガム専焼は、足元で11円まで低下している太陽光発電（事業用）とほぼ同水準だ。

三菱UFJモルガン・スタンレー証券の長谷川義人シニアアナリストは「負の遺産となった石炭火力を手放したい企業は多い。イーレックスが業界のゲームチェンジャーになるかもしれない」と指摘する。

将来性を評価し株価は堅調だ。12日には一時、上場来高値となる3040円を付け、終値は2937円だった。20年末時点からの上昇率は41％と日経平均株価の4％を大きく上回る。財務的には前期末時点で自己資本比率が35％と比較的健全な水準を維持している。

環境問題への対策で先行する欧州連合（EU）では、原生林由来の木材を使用するバイオマス発電について、再生エネから除外する議論もある。イーレックスの安永崇伸常務取締役は「ソルガムの栽培には遊休農地を活用しており、環境面には十分に配慮している」と強調している。

（清水涼平）

2021/7/14~7/15
【9517】イーレックス

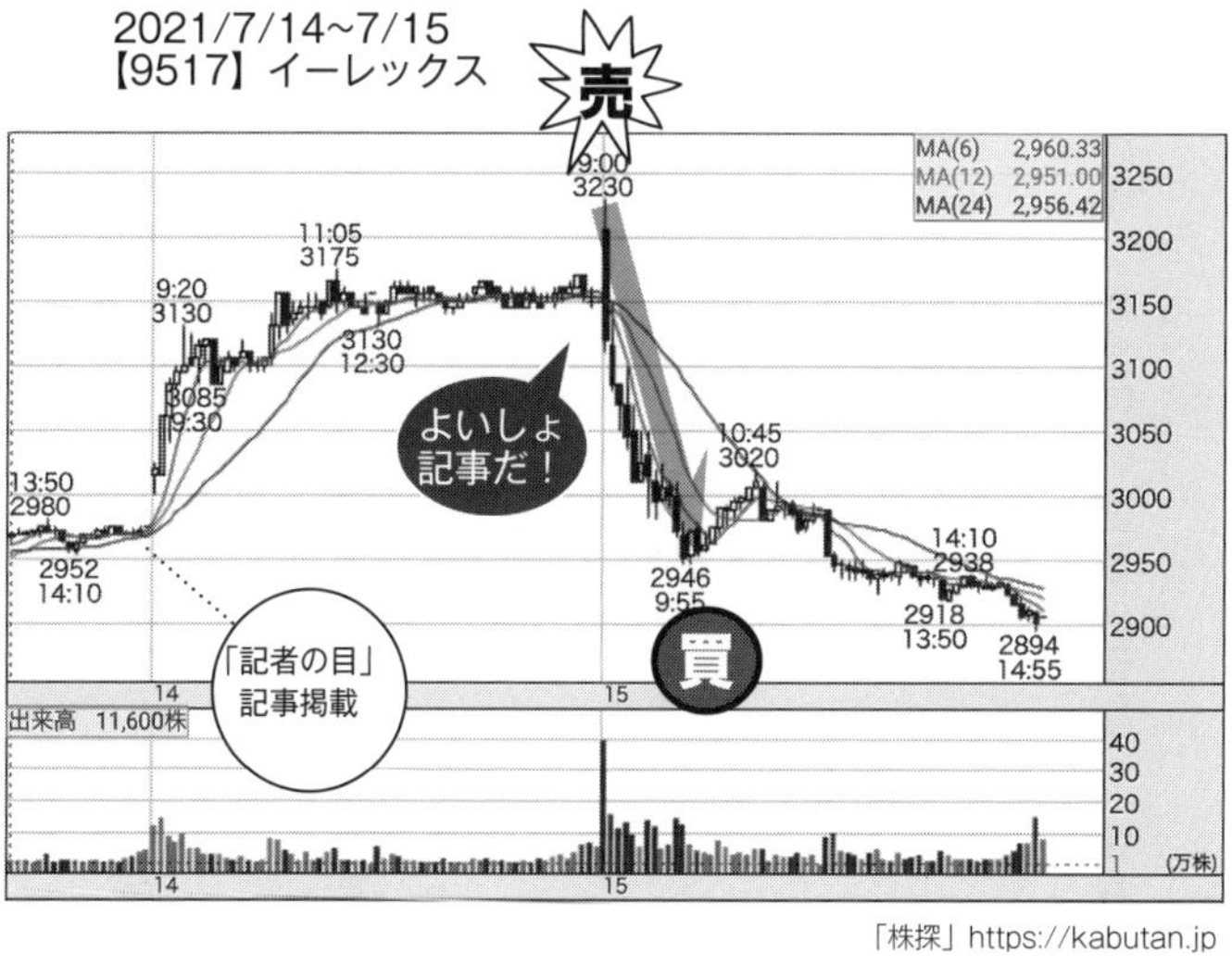

「株探」https://kabutan.jp

妙な広告は要注意

全面広告? カラー? 場所は??

新聞を構成するものを大きく分けると、記事と広告の2つになります。広告は連日の最新ニュースとは、ちょっと違う。でも、トレードのヒントはたくさん隠されています。

基本的に見るべきは、**大きな広告で、意外なもの**。

「なんでこの会社が、このタイミングでこれを出すん?」

というものには、注目しても良いんちゃうかと思います。それによって、

「この銘柄、買うのはアリなんちゃうか」

と思う投資家はそれなりにいるんですね。というのも、**意外性のある広告は、〝会社が変わる〟という変化の兆しを示す**ものだからです。

ただしこの買いは、すぐにリアクションがある動きばかりとは限らないので、デイトレだけでなく、中・長期的なポジションをとるべき（もちろん、逆指値で損切りできるようにして！）場合もあります。ただ、いろいろと気づかされることがあるはずなので、余裕があったら、リスクヘッジ的に買っておくのも良いと思います。

もう1つ注目すべき広告は、経済誌**『週刊東洋経済』**と**『週刊ダイヤモンド』**の広告です。毎週月曜朝刊に掲載されるので、どんな記事なのか、見出しをチェックしてください。

また、最近では〝文春砲〟の威力もなかなかのものです。

２０２１年2月4日発売の『週刊文春』の広告で、株式市場に文春砲が放たれました。フリーアナウンサーの小川彩佳さんの夫の不倫報道です。報道の張本人・豊田剛一郎氏は、当時、医療ベンチャーの【４４８０】メドレーの代表取締役でした。

この報道を受けて、2月3日は横ばいだったのが、4日に急落。豊田氏は代表取締役を辞任し小川アナとは離婚することになり、それ以上叩かれることもなくなったので、メドレーの株価は再び戻しました。

文春砲は、銘柄名がはっきりと出やすいし、テレビ（ワイドショーなど）の影響力もまだ残っているので、この手のニュースは影響力があります。

しかも、新聞に載っていることは載っていますが、記事ではなく広告なので、投資家にはすぐには気づかれないものなんですよね。それに、週刊誌を朝9時前に買って、記事を熟読する人もわりとレアです。

つまり、マーケットに記事の内容が伝わるまでには、時間がかかるんです。だから、**新聞広告の段階でチェックしておくことが先読みになり、寄付きで買っても間に合う**んです。

なお、『週刊文春』電子版の「＋雑誌プラン」は年間2万9500円（税込）。こちらでは、『週刊文春』のスクープも、1日早く全部読めます。

2021/2/1~3/31 【4480】メドレー

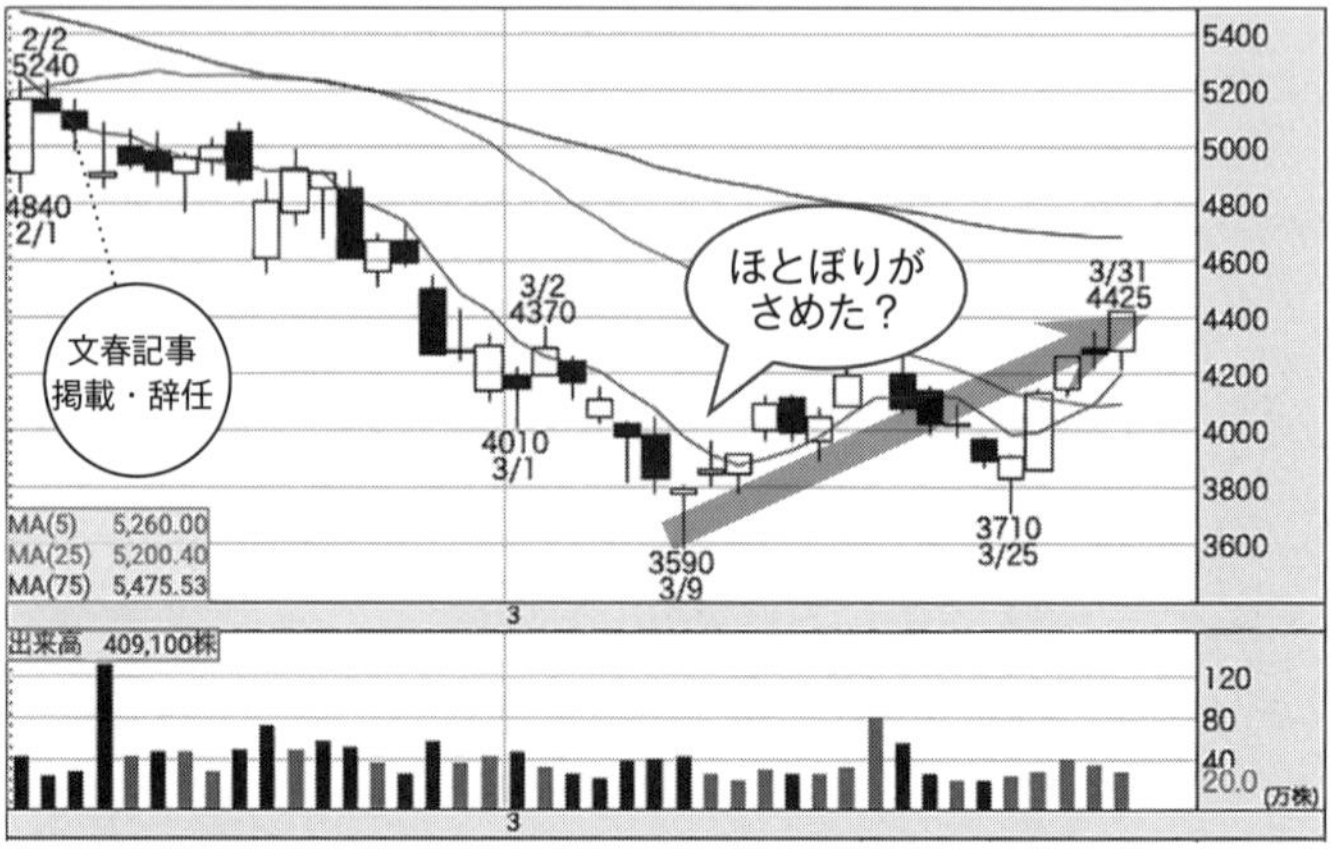

「株探」https://kabutan.jp

5章

福の神式【4分】ネット情報深掘り術

日経電子版はあますず使おう

かつては紙の日経新聞が重要ツールでしたが、もちろん現在はネット社会。日経新聞もネットで読める電子版がありますし、ニュースメールも発行されています。

2章でお話しした通り、紙の日経新聞やPDF版には〝見出しの大きさ〟で、情報の価値の高さが一目でわかるというメリットがありました。一方、デジタルには、検索性が高いというメリットがあります。

そこで、ネット口座のところでもお話ししたように、**電子版はデータファイルとして使ってみましょう。**

キーワード検索機能のあるメールアプリを用意して、ニュースメール配信用のフォルダを作り、そこへどんどんニュースメールをストックしていくと良いでしょう。これをさま

ざまな情報の目次として使うのです。

たとえば過去に、電気自動車関連で値上がりした事例を調べたいとします。検索ワードに電気自動車と入れて検索すれば、関連ニュースがあっという間に検索されるというわけです。

また、日経平均や為替のチェックなど、見出しの大きさは関係ないけれど、日々チェックしておきたい情報などは、サクッと見るのに電子版を利用するのが便利ですね。

電子版は有料なだけあって、**銘柄でニュースを検索できる**というメリットがあります。気になるニュースが出た銘柄があれば、銘柄で検索して、過去に似たようなニュースで値が動いた実績があるか調べられて便利です。

また、「経営者ブログ」など、電子版でしか読めない記事も多々あります。こうしたものをチェックしておくことも、ニュースの裏側を知るうえでは、大変、役立ちます。

ネット証券の情報活用術

ネット証券で口座を作ったみなさんは、ぜひ、証券会社が提供している有益な情報も、有効に活用してください。

証券会社のWebサイトには、株価やチャートを見るためのツールはもちろん、**ニュースのデータベース、さらにはその会社のアナリストによる市況分析やニュース分析、投資方法のWebセミナーなどが掲載**されており、各社、その個性を競い合っています。

口座を開設しなくても一般公開されている情報もたくさんあるので、週末など時間のあるときにいろいろなサイトを覗いて、自分好みのサイトを見つけておくと良いでしょう。

ここでは例として、我が古巣・SBI証券のサイトから、おすすめ記事をご紹介しましょう。

◆動画で手っ取り早く情報収集「SBIモーニングレポート・イブニングレポート」「SBIウィークエンドセミナー」「SBIグローバルウォッチ」

市況セミナーのページでは、「モーニングレポート」「イブニングレポート」の動画配信を行っています。ぱっと見てわかるので、こうした動画を利用して情報収集に役立てるのも良いかな、と思います。

「モーニングレポート」では、マーケット情報と日替わりコンテンツを配信しています。

配信時刻は平日の毎朝8時40分頃から5～10分間。日替わりコンテンツの内容は、「注目の投資テーマ」や「スケジュール」などです。

「イブニングレポート」では、本日のマーケット総括と夜間の展望を平日18時頃からオンデマンド配信しています。8分前後の番組に、コンパクトにまとめられています。

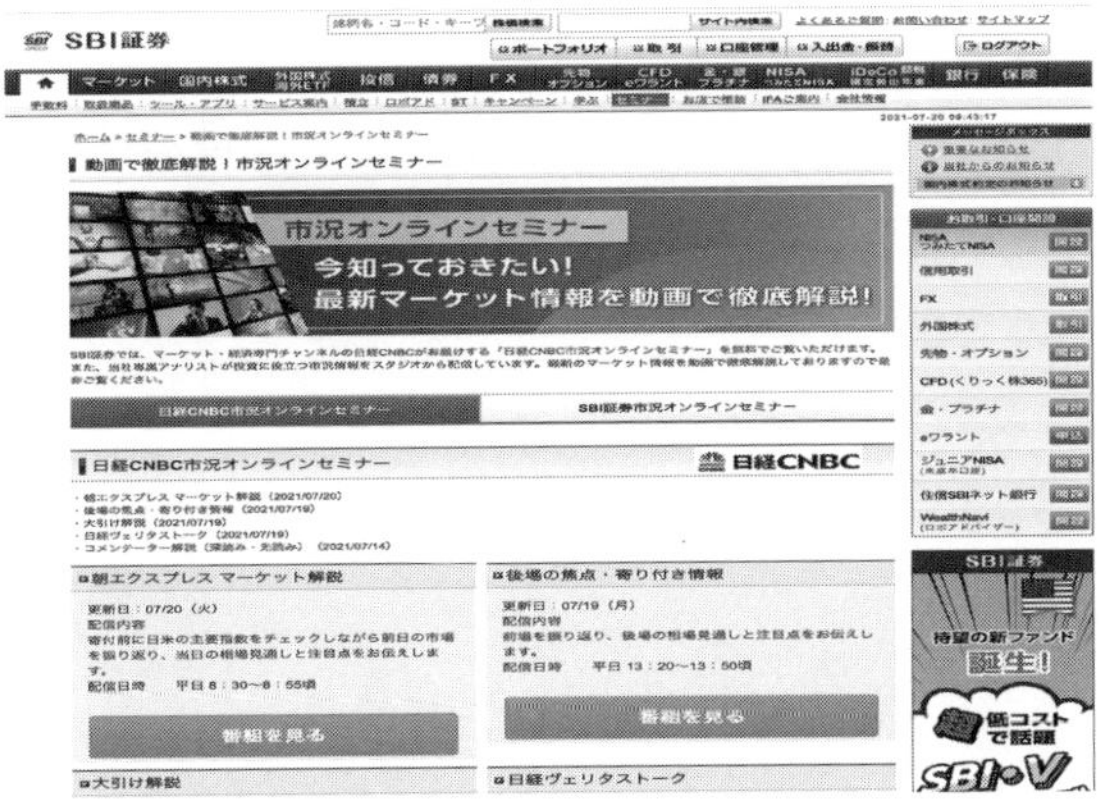

「SBI証券」https://www.sbisec.co.jp

また、毎週金曜日の「SBIウィークエンドセミナー」「SBIグローバルウォッチ」は、週末に、次週の戦略を考えるときにも活用できます。

◆最新のマーケット全体がわかる先物・オプションのマーケットレポート「相場見通し」「225の『ココがPOINT！』」「サキモノの『ココがPOINT！』」

先物やオプションのレポートは、一見、「自分には関係ない」と思ってしまいがちですが、ここにはマーケット全体のことが書かれています。見ておいても損はない情報です。

◆銘柄検索機能の賢い使い方

銘柄検索機能は、各銘柄の情報をチェックするときだけでなく、銘柄探しにも使えます。というのも、銘柄名

「SBI 証券」https://www.sbisec.co.jp

だけでなく、商品名や、社会現象などのキーワードで検索できるからなんです。気になるキーワード、気になる流行などがあったら、ぜひこの検索機能を使ってみてください。

「SBI 証券」https://www.sbisec.co.jp

Yahoo!ファイナンス活用術

◆なぜ上がった？　なぜ下がった？　リアルタイム検索でチェック！

Ｙａｈｏｏ！ファイナンスを使ううえでおもしろい試みが、『リアルタイム検索』です。

要するにＹａｈｏｏ！のトップページの検索窓の上に「リアルタイム」というタブがあります。ここを指定してから、検索窓に銘柄名を入力して検索すると、そのときに多くつぶやかれている事柄がヒットします。これを理由探しに使うんです。

「なんでこの銘柄が、こんなに上がってるんやろ？」

と、不思議なときってありますよね？

そんな理由がわからない場合に、このリアルタイム検索で検索してみると、理由がつぶやかれているときがあるんです。

ほかの人もみんな、

「なんで？」

と思っているので、情報へのニーズが高まっているところに、誰かが応じてくれるというわけです。ここで理由をつかんでいれば、似たようなニュースが入ったときに、同じパターンを応用して、作戦を立てることができますよ。

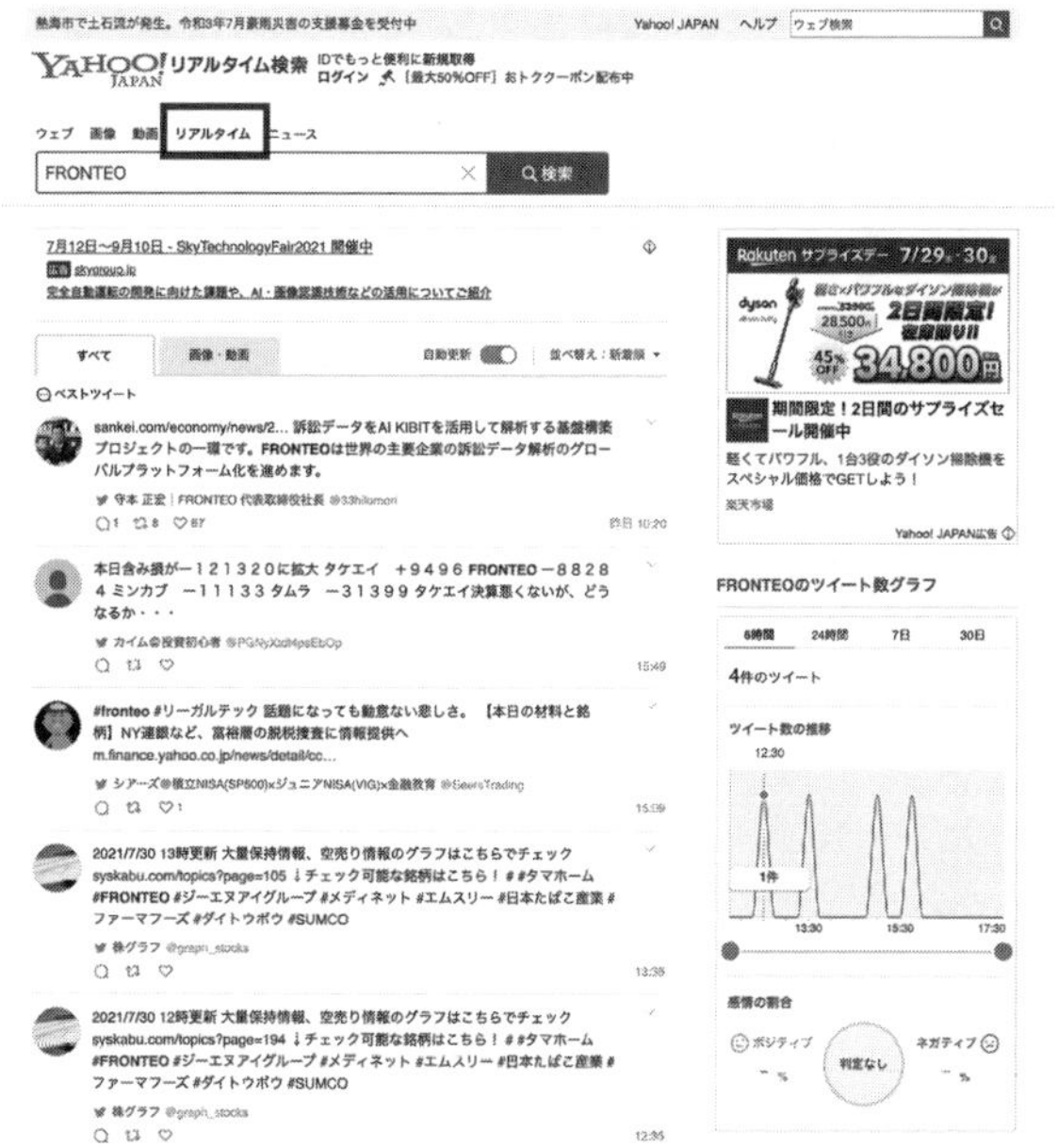

「Ｙａｈｏｏ！ファイナンス」https://finance.yahoo.co.jp

企業Ｗｅｂここだけ活用術

◆社長挨拶に写真はあるか？

買おうと思う銘柄の、会社のＷｅｂサイトも重要な情報源です。特に、

「この会社のサイト、わっかりやすいわー」

などの第一印象が大事なんですが、会社に対する印象と同時に、社長の印象もとっても大事。そこで、社長挨拶のページは、必ずチェックしましょう。


だいたい、**良い会社は社長がきちんとしています。**

だから、ちゃんと顔写真が出ていて、役員にどんな人がいるかもきちんと掲載されています。加えて、社長の挨拶が、時流に合っているかどうか・タイムリーに更新されているかどうかもチェックしておきましょう。

そうそう、写真を見ると、その人となりがなんとなく出ちゃいますよね。たとえば髪型やファッション。

「Webサイトの写真じゃようわからんわ。もうちょっと見てみたい」というときは、朝の4分では足りませんが、夜の戦術タイムや時間のあるときに日経新聞の記事やら経済誌のインタビューやらを発掘してみたり、社長が実際に来場してしゃべるIRイベントに参加してみたりすると良いと思います。特にコロナ禍以降は、オンラインのIRイベントが増えていますから、参加ハードルはずいぶん下がっているんじゃないかと思います。

社長が個性的な会社は、社長の発言や経営判断が原因で株価が動くこともあるので、日頃から動きを注目しておくと良いですよ。また、社長個人のFacebookやTwitterなんかをフォローしておくのも良いかもしれませんね。

◆個人投資家向け決算説明会資料は●●ページだけ見る

企業サイトを見るときは、IRページを見ると、いろいろなことが一気にわかります。

だから、すっごく詳しくその会社を研究したいときでなければ、ＩＲページの決算説明会資料のあるページだけ見れば、充分だと思います。

しかも、見るべき情報はただ1つ。それは、〝**目標**〟です。

目標だけ？　ほかんとこは見んでもええの？

目標だけで充分です。なぜなら、会社の体質が一番よく表れるところだからです。

いくつかの会社を見比べてみると明らかなんですが、

「何が言いたいんか、よーわからへんわ」

「簡潔やなぁ、数字だけかいな」

「短い言葉でうまいことまとめよったなぁ」

など、会社によって全然違うことがわかります。中には、どこに〝目標〟が書いてあるのか、さっぱりわからないような会社も……。

どれが良い、どれが悪いというわけでなく、ここはあなたの印象で、

「**感じのええ会社やな**」

「**この会社、なんかこんがらがってそうやわ**」

なんて調子で、判断すれば良いと思います。

情報は玉石混交。ＳＮＳを上手に活用する術は？

◆ＹｏｕＴｕｂｅの情報は玉石を見極める

今、欠かせない情報源となっているのが、ＹｏｕＴｕｂｅの配信です。これを一言一句聞き漏らすまいと集中して見ているとあっという間に時間が経ってしまうししんどいので、興味のあるチャンネルを１・５～２倍速で、ながら聞きしておくと良いでしょう。これは、情報を自分のアンテナにひっかけるための取捨選択の方法の１つです。

とはいえ、２章でもお話ししたように、ＹｏｕＴｕｂｅで配信される情報は、信憑性の高いものから個人的な思い込みによるものまで、玉石混交です。そこで、証券会社のアナリストの公式ＹｏｕＴｕｂｅ番組のように、できるだけ信憑性の高い情報を選んでチェックすることが大切です。真偽のチェックの仕方は、本章の最後に書きますので、参考にしてください。

そんないろいろやっとったら、４分で終わらへん

ですよね！

ほかの情報もそうなんですが、ここで紹介した情報源を、くれぐれも、**全部チェックしようと思わないように。** 全部やろうとするとしんどいし、時間には限りがあるので、できないに決まってます。本書で紹介したなかから自分にフィットする情報源を選んで、手早く取捨選択してチャートをチェック、気になった材料をどう仕掛けるか考えてトレードして、トレード後には必ず反省すると、少しずつ投資がうまくなるんです。

ただし、テクニカル分析の手法は10年以上昔からまったく変わっていませんし、技術の進歩による影響も受けてませんから、その部分をしっかり学べる情報源は、チェックしておくべきだと思います。

◆LINEはポジショントーク多めかも

最近は、ＬＩＮＥグループのオープンチャットも盛んですよね。藤本もけっこうチェックしていますよ。もちろん、参考にするというわけではなくどんなこと話してんのかな、という興味本位であることが多いですが。

気楽に質問や相談ができるんで人気がありますが、回答者が本当のことを言ってるかどうかはわからないので、鵜呑みにしないように気をつけたほうが良いと思います。私の感想ですが、**ポジショントークが多い**と思うんですよね。

ポジショントークをする意味とは、その情報にイナゴのように群がって買う人がたくさんいるところにあります。つまり、今の個人投資家は、元のデータやニュースを材料にして判断する人よりも、ＴｗｉｔｔｅｒやＬＩＮＥで流れてきた情報に一斉に乗っかってくる人が多いんです。なので、ポジショントークをしている人は、その裏をかこうとしているかもしれません。自分が安値で仕込んだ銘柄が、たくさんの人に買われて上がってくれれば儲けものですもんね。

ウチら、パシリちゃうで！

ですよね！　だからこういう状況では、元のデータ、ニュースを材料にして判断できる人のほうが、ポジショントークに惑わされずに、勝てます。値が動いてから追随するより、ちゃんと努力する人のほうが半歩先読みできるからです。

ＬＩＮＥのブログ、ＬＩＮＥグループのオープンチャットでつぶやかれている内容は、それなりの影響力をもっているということは知っておいて損はないでしょう。でも、自分で半歩先読みして仕込んでおける人は、他の人に追随しなくても勝てる相場です。自分で裏付けを調べて、先読みして仕込めるようになりましょう。

◆真偽を調べるにはこのサイト

Ｗｅｂメディアが発達してきて、明らかに5年前よりもいろいろな情報がとれるようになりました。増えた情報をいかにさばくかも、けっこう難しくなってきたと思います。昔は、日経新聞だけを見ていれば良かったたんですが。

さて、玉石混交のネット上の情報。その真偽を確かめるには、どうしたら良いのでしょうか。それには信頼のおけるサイトをチェックすると便利です。

Ｗｅｂニュースなら、昔は『株式新聞』といわれていましたが、今はＹａｈｏｏ！ファイナンスにもリンクされている『**株探**』です。

東証マザーズに上場している【４４３６】ミンカブ・ジ・インフォノイドが運営している株式メディアです。Ｗｅｂ上ではおそらく、一番閲覧者が多いんです。これが何を意味するかは、わかりますよね。株式投資では、みんなが見ている情報が大切です。

で、ここの特集が原因で株価が上がったり下がったりすることもあります。なので、日々のデイトレで、

「なんでこの銘柄上がってるんやろ？」

と思ったときにこのサイトを見ると、**上がってる理由がわかる**んですね。株価が上がったときに、その理由がわかるのと、知らないのでは、学習効果が全然違うので、ぜひチェックしてほしいサイトです。

6章

実践！　福の神式【1分】チャートチェック術

超簡単チャート分析で、銘柄・戦略を決めましょう

日経新聞朝刊を見て、気になる銘柄を見つけたら、注文する前に行うのがチャートのチェックです。

とはいえ、そんなにじっくり分析しなくても大丈夫。1分間でさっと確認できるチェック術をご紹介しましょう。

今、ニュースが出たばかりの銘柄。まず見るのは、日足のチャートです。

今、上がっているのか下がっているのかを見ましょう。

それから、**週足、月足**を見て、もう少し長いタイミングでどんな位置づけかも見ます。

次に見るのが、**移動平均線**。これでトレンドを見て、**出来高**で今、売買の人気が出てい

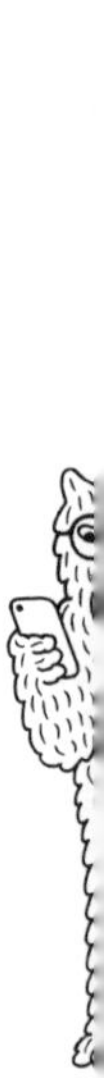

るのかどうかを軽くチェックします。それから**一目均衡表**をチェック。これだけなので、チャートのチェックは1分で終了しちゃいます。

テクニカル分析は、ニュースを見てその銘柄がどう値動きしそうか判断するときに使います。ニュースの信憑性を確かめたり、投資戦略を考えるときの決め手としても使えます。

さらに、1つのニュースから複数の銘柄が想定できるときは、どれで勝負するか決めなければいけませんね。そんなとき、より動きそうな銘柄を見つけて決めるのにも、チャートを使うとよいでしょう。

私もチャートを使って決めることはしばしば。たとえば、横ばいの銘柄と安値圏にある銘柄なら、安値圏のほうを反発狙いで買うほうが良いこともあります。

といっても、難しく考える必要はありません。基本の見方さえわかれば、ざっと一目で判断できるようになりますよ。

①まず日足チャートをチェック
「あれ？　下がってる？」

2021/1/21~7/5　日足
【9984】ソフトバンク

「株探」https://kabutan.jp

②次に３カ月以上の週足チャートをチェック
「まだ、底ではないみたい」

2020/7/5~2021/7/11　週足
【9984】ソフトバンク

「株探」https://kabutan.jp

③２年ほどの月足チャートをチェック
「実はまだ高値だった！」

2019/7/1~2021/7/30　月足
【9984】ソフトバンク

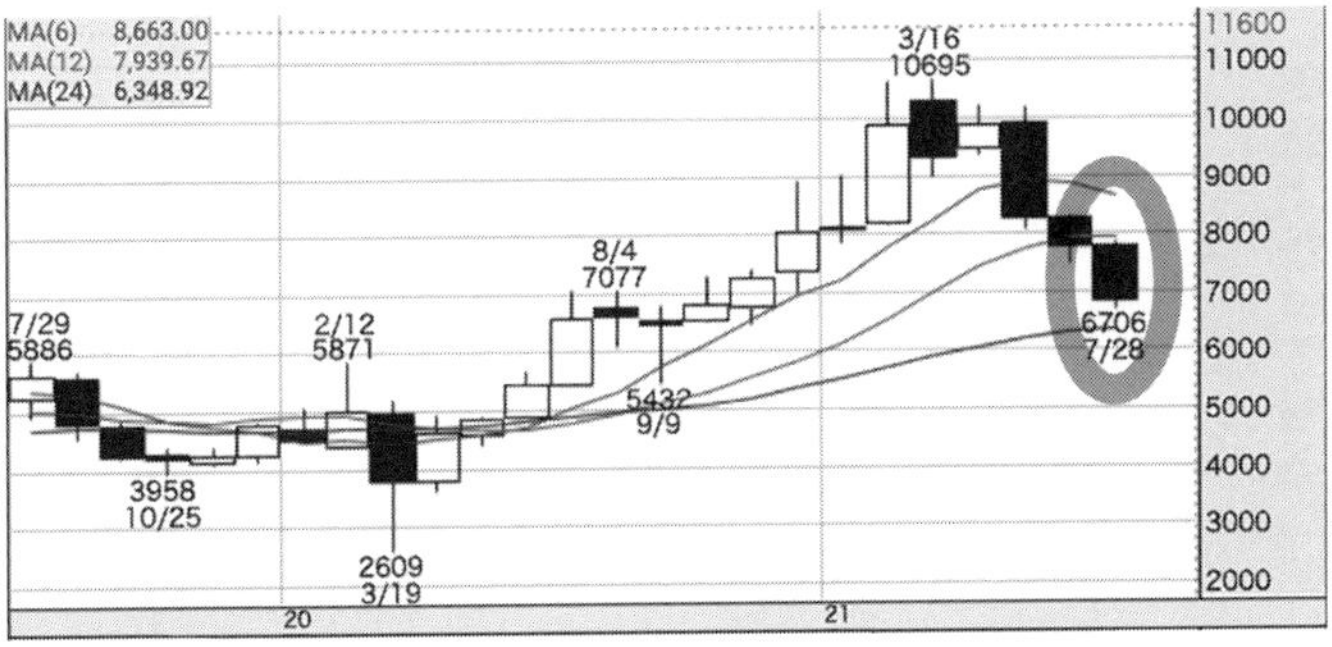

「株探」https://kabutan.jp

日足チャートだけではわからないことも多いので、週足・月足と見比べよう。

難しいオプションは捨てる！ローソク足チャートで充分

テクニカル分析を行うには、いろいろなチャートがあります。

が、本書では基本的に、**ローソク足チャートで充分**と考えています。

ローソク足チャートは、日本人が江戸時代の米相場で使い始めたといわれていますが、今では国外でも使われている、優れもののチャートです。

特に、始値、終値、高値、安値が一目でわかるところが1分間チャートチェックに最適なんです。すでにチャートをガンガン使っているという人も、基本的な見方をもう一度復習しておきましょう。

たいていの場合、陽線は白（あるいは明るい色、赤など）、陰線は黒（あるいは暗い色、青など）で示されるので、直近が**右肩上がりで明るい感じ**のチャートを示している銘柄は、

【ローソク足はスグレモノのチャート】

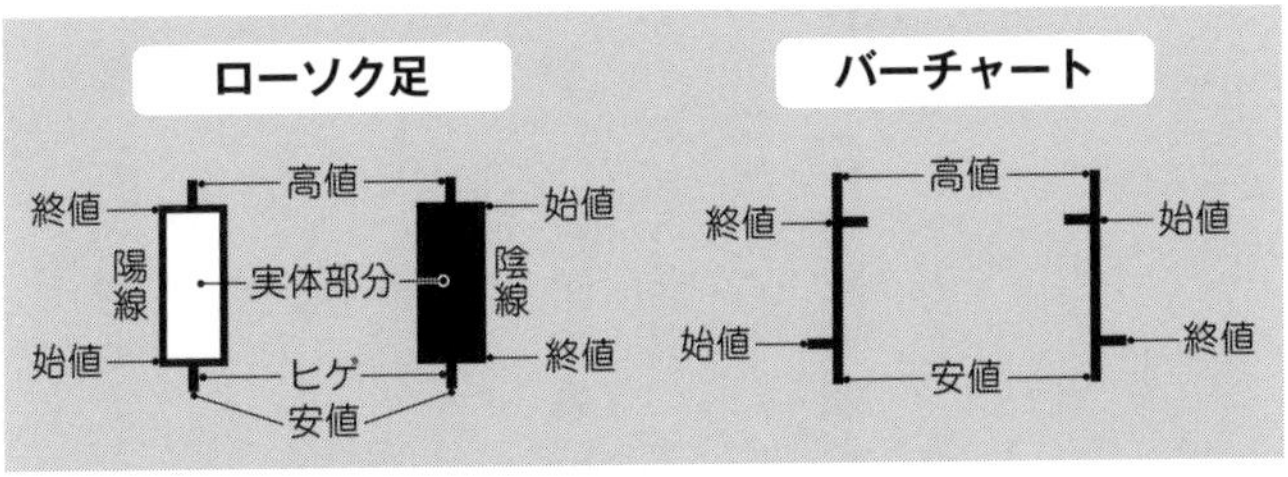

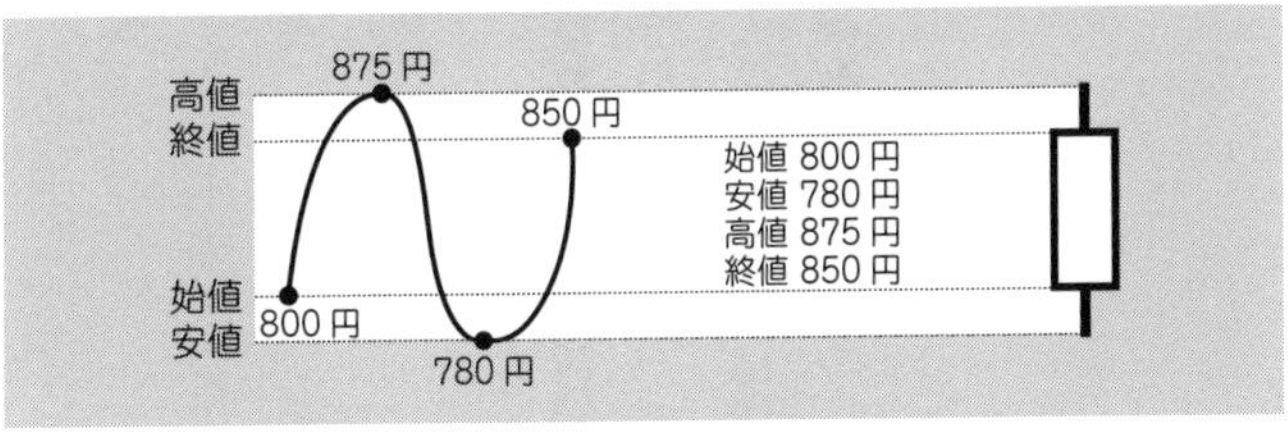

ローソク足では、まずは上げたのか下げたのかを、色でチェック。陽線は値上がり、陰線は値下がりを示す。次に上下に伸びるヒゲの長さで、安値と高値の位置をチェックして、どの程度の値動きを示したのかを見よう。
右肩上がりで陽線が続いているようなら、上昇トレンドにあり、右肩が下がっていて陰線が続いているようなら、低迷もしくは下降トレンドにあると、ざっくり判断できる。

一目で、

「勢いあってええんちゃう？」

とわかりますし、チャートの下のほうで**暗い感じでくすぶっている**と、

「ああ、いかにも低迷って感じやなぁ」

というのが直感でわかります。


また、**ヒゲが長いけれど実体が短い形**は、取引中に価格が大きく変動したにもかかわらず、始値と終値に大差がないことを示しています。

これはたくさんの人がこの銘柄に注目して、売買が積極的に行われたという印なので、**トレンドの転換点となる可能性**があります。

こうした形を〝取引の理由〟として銘柄を選ぶのも良いと思います。

【ローソク足の9つの基本形】

基本的な9つの形のうち、特に要注意は、低値圏で“下影陽線”が現れたとき。下降トレンドから上昇トレンドへの転換点になるときにしばしば現れるので、これを買いのチャンスととらえる人も多い。

↗上昇サイン　↘下降サイン　⇨➡横ばいサイン

① 大陽線 ↗

実体が長く、ヒゲが短い陽線は、その後、上昇する可能性が高い。

② 大陰線 ↘

実体が長く、ヒゲが短い陰線は下降トレンドのサイン。

③ 小陽線 ↗

実体もヒゲも短い陽線は、上昇過程での保ち合い中かも。

④ 小陰線 ↗ or ↘

実体もヒゲも短い陰線。保ち合い中の可能性が強く、続けて現れると相場の分岐点になるかも。

⑤ 上影陽線 ⇨➡

実体に比べて上のヒゲが極端に長い陽線は、勢いが衰えているかも？　横ばいのサイン。

⑥ 上影陰線 ⇨➡

実体に比べて上ヒゲが極端に長い陰線も、横ばいのサイン。

⑦ 下影陽線 ↗ or ↘

実体に比べて下ヒゲが極端に長い陽線は、高値圏にあれば天井、安値圏では底入れの可能性大。

⑧ 下影陰線 ↗ or ↘

実体に比べて下ヒゲが極端に長い陰線も、高値圏にあれば天井、安値圏では底入れの可能性大。

⑨ 十字足（寄引同時線） ↗ or ↘

始値と終値が同じときに現れるので、寄引同時線ともいう。買いと売りが拮抗していることを示すので、相場が転換する可能性あり。

【トレンドライン】

上昇トレンド・支持線

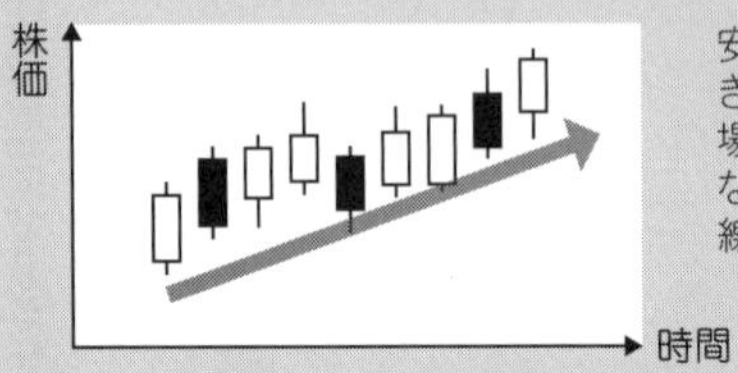

安値同士を直線で結んだとき、右肩上がりになっている場合。株価がそこから下落しないので、下値支持線（支持線）ともいわれる。

下降トレンド・抵抗線

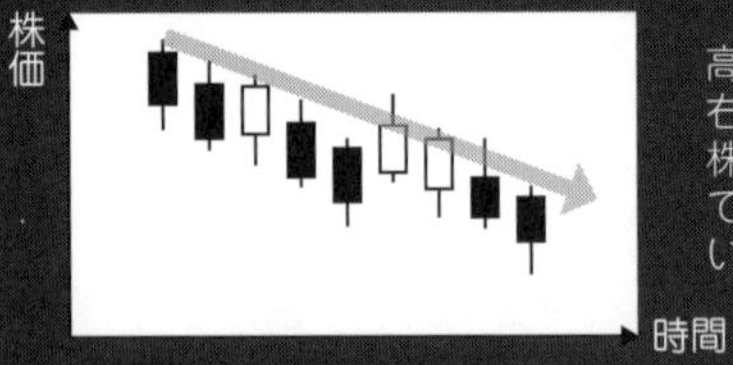

高値同士を直線で結んだとき、右肩下がりになっている場合。株価がそこから上昇しないので、上値抵抗線（抵抗線）ともいわれる。

横ばいトレンド

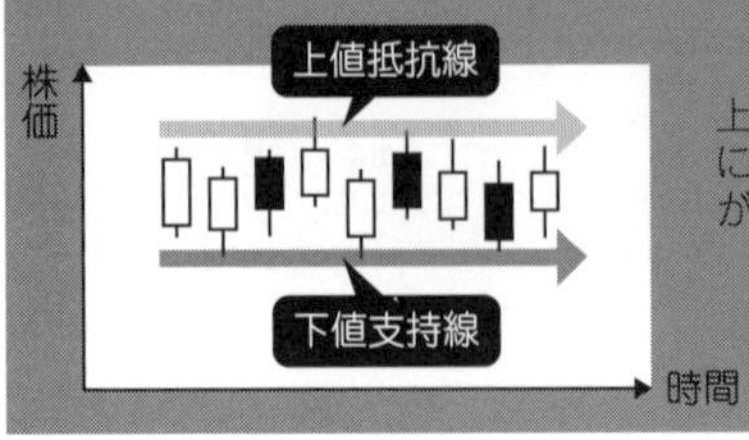

上昇トレンドにも下降トレンドにもならない保ち合いの状態が、横ばいトレンド。

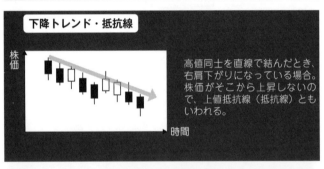

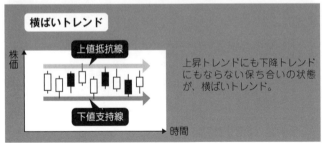

【トレンドの転換】

トレンドライン抜け

抵抗線または支持線といったトレンドラインから、上昇または下落することなくとどまっていた価格は、トレンドラインを突き抜けたとき、そこを転換点として、逆向きのトレンドに変わることがある。

高値更新

トレンドラインを逆方向に突き抜けたことを確認したら、その後は直近の安値と高値をチェック。

上昇ラインの場合は、下げても直近の安値を更新せず、続けて直近の高値を更新すると、そこからは上昇トレンドに入った絶好のチャンス。

下降ラインの場合は、直近の高値を更新せずに安値を更新すると、下降トレンドに。

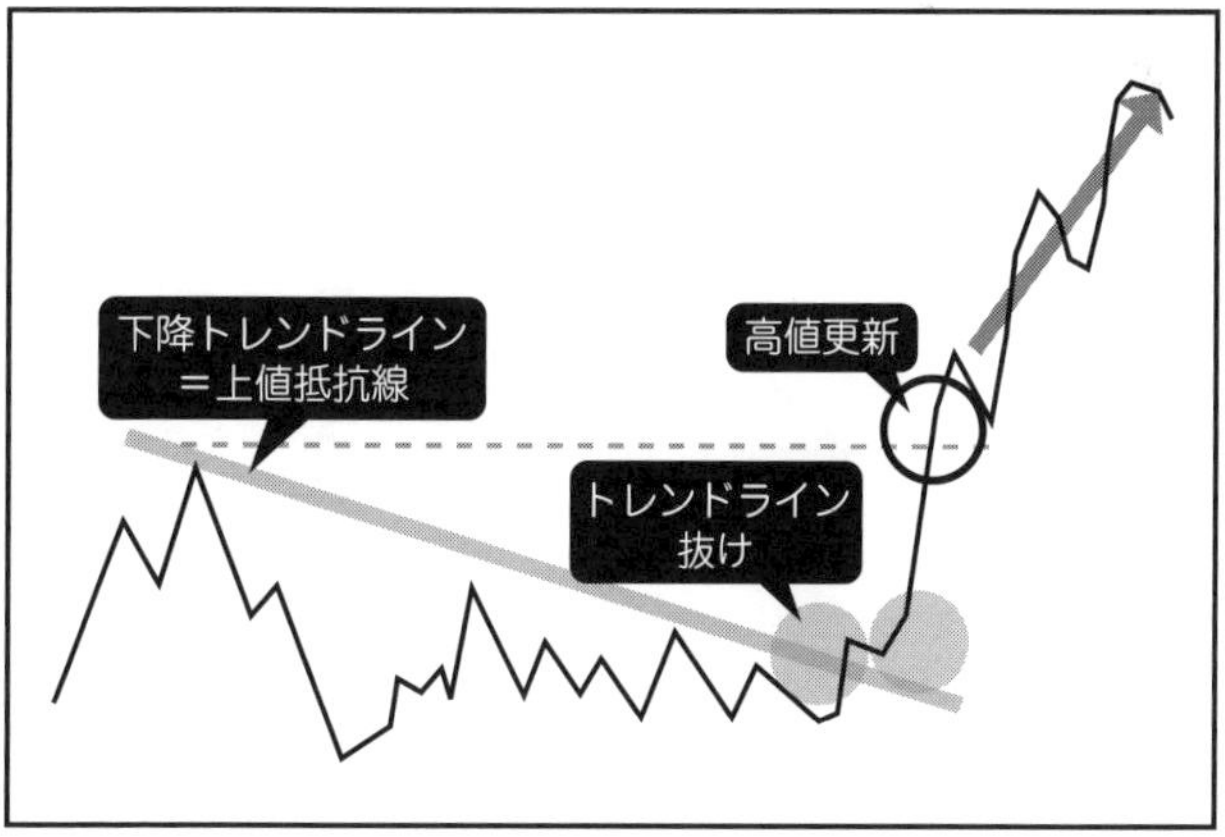

日足、週足、月足チャート3つを必ず見る

まずは現在位置をチェック

さて、前項まででローソク足の基本的な見方と気にしておきたいサインをおさらいしました。では毎日のチャートチェックでは、何を見るべきか。

「今、高値圏で推移中？　それとも安値圏？　あるいは底値で反発したところか、上がり切ってもうたんか？」

これを、日足、週足、月足で見るようにします。そして、その日のニュースと照らし合わせるんですね。

良いニュースが出ても、今まで高値圏にあった銘柄だったら、

「**そのニュースは、今日の新聞に出てたけど、実はすでにみんな知っとったんちゃうの？**」

と疑いましょう。普通は良いニュースが出た後に買われるので、直近すでに買われてい

たのなら、もっと前に良いニュースが出た後だったというわけです。

逆に売られていた場合は、買ったらあかんというわけではなく、そのニュースが目新しくて好材料なら、そのニュースを境に上がっていく可能性が大きくなります。


そうそう、朝のチャートチェックでは、もう1つ、出来高もチェックしておきましょう。**出来高を見ると、投資家の注目度がわかる**からなんですね。

チャートの下の棒グラフがグンと伸びていたら、その銘柄は人気が出ている証拠。株価が上がるには〝みんなが注目している〟ことが重要なので、

「お、みんなこの銘柄に注目しとるんやな」

と、ワクワクしながら自分も見守りましょう。たくさんの人が見ていると、当然そこからどんどん値動きしていくので、出来高に合わせて株価もどんどん動いていく予兆のようなもんです。

特に下降トレンドに入っていたのが、出来高が増えた直後から、底を打って株価が上昇してくることがあります。そんなときは買いのサイン。逆に、高値圏で出来高が増えると、手のひらを返したように下降トレンドへと切り替わることもあるので、要注意です。

移動平均線でトレンドをチェック！

さて、日足・週足・月足チャートと出来高をチェックする際には、移動平均線も見ておきましょう。これで、トレンドが上向きか下向きかを判断します。

移動平均線とは、一定期間の株価の終値を平均値化したもので、これを見れば、株価の動きを大きな流れとしてとらえることができるんですね。

けっこう変動があって、

「ローソク足を見ただけじゃ、なんともよーわからへん」

というようなチャートを見るとき、この移動平均線が役立ちます。とりあえず、

「上がっとるんか、下がっとるんか、それとも横ばいなんか」

は、**パッと見でわかります**もんね。

で、この移動平均線には、短期と長期の2本があり、だいたいは2本が同時に1つのチャートに示されています。

短期と長期の日数は、日足・週足などチャートによっても違っていて、○日移動平均線なんて書かれているのを見て判断します。

この長短2つの移動平均線を見ると、売買の〝理由〟になる〝ゴールデンクロス〟や〝デッドクロス〟などのサインを発見できます。

次ページに主なチャートシグナルをあげておきますので、最初は本書を見ながらチェックして、どんどん慣れていきましょう。

慣れちゃえば、1分間ですべて読み取れるようになりますよ。

【ゴールデンクロス・デッドクロス】

ゴールデンクロス

短期線が長期線を、下から上に突き抜けること。この交差したポイントが、株価上昇のシグナルとなる。

デッドクロス

短期線が長期線を、上から下に突き抜けることで、この交差したポイントを転換点に、株価下落となるとみられる。

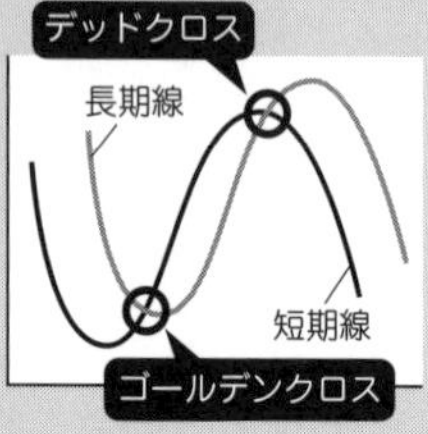

【ダマシ】

ダマシ

ゴールデンクロスがあったものの、長期線の右肩下がりが続き上がる気配がない場合は、シグナルの通りに株価が動かない可能性が高い。

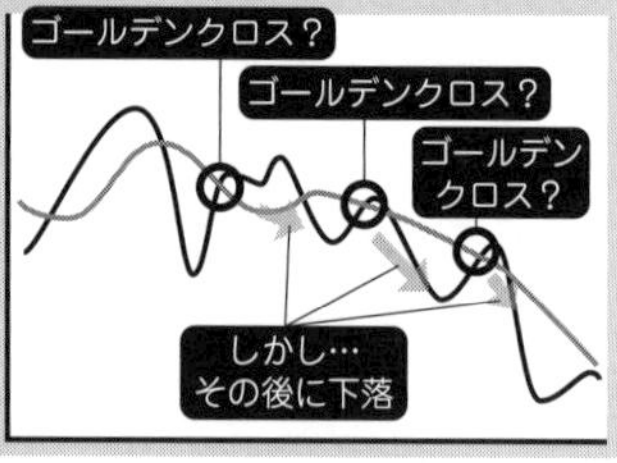

【上昇三角形型】

保ち合い放たれ

横ばいが続く保ち合いの状態を抜けて上昇トレンドに転換するタイミングは、大きく上昇する買いのチャンスといわれる。

上昇三角形型

保ち合い放たれの一番わかりやすいパターン。上値抵抗線に抑えられながらも、下値支持線がじりじりと右肩上がりになってきて、ついに上値抵抗線を下から上に突き抜ける形をいう。

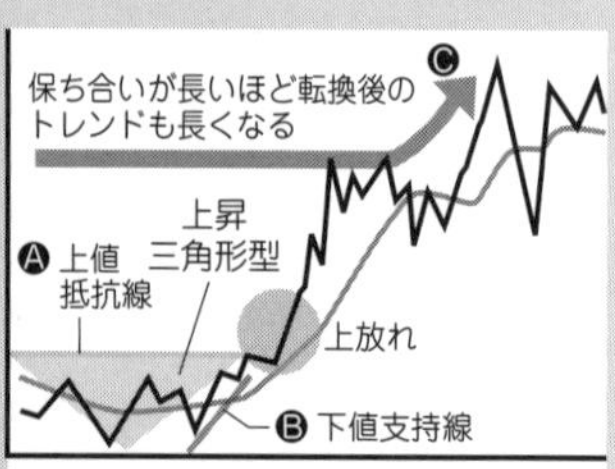

Ⓐ 上値抵抗線は水平に引かれる
Ⓑ 下値支持線は右肩上がりに引かれる
Ⓒ 保ち合いの長さは、転換後のトレンドの長さに比例する。また、上放れ後は下値支持線の右肩上がりの角度よりも急角度で上昇していく

【グランビルの８法則】

グランビルの８法則とは、長期の移動平均線とローソク足の組み合わせで読み取る、売買のシグナルのこと。４つの買いシグナルと４つの売りシグナルからなる。

買いシグナル

①

トレンド転換の買いを示し、移動平均線が下落後、横ばいになるか上昇しつつある局面で、ローソク足が移動平均線を下から上にクロスする。

②

押し目買いを示し、移動平均線が上昇している局面で、ローソク足が移動平均線を上から下にクロスする。

③

押し目買いを示し、ローソク足が上昇する移動平均線の上にあって、移動平均線に向けて下落するもクロスせずに再び上昇する。

④

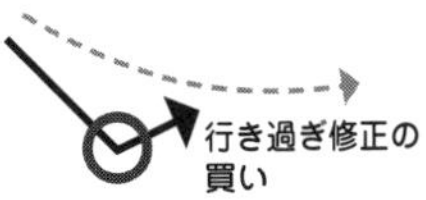

行き過ぎ修正の買いを示し、移動平均線が下落している局面で、ローソク足が移動平均線とかけ離れて大きく下落する。

売りシグナル

①

トレンド転換の売りを示し、移動平均線が上昇後、横ばいになるか下落しつつある局面で、ローソク足が移動平均線を上から下にクロスする。

②

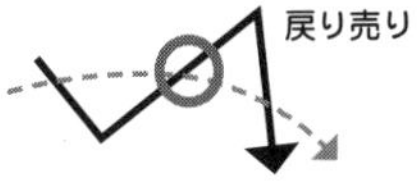

戻り売りを示し、移動平均線が下落している局面で、ローソク足が移動平均線を下から上にクロスする。

③

戻り売りを示し、ローソク足が下落する移動平均線の下にあり、移動平均線に向けて上昇するもクロスせずに再び下落する。

④

行き過ぎ修正の売りを示し、移動平均線が上昇している局面で、ローソク足が移動平均線とかけ離れて大きく上昇する。

一目均衡表でイメージをつかみましょう

本章の最後に、覚えておくと便利な〝一目均衡表〟のこともお話ししておきましょう。この表の良いところは、〝先がわかる〟ところです。なので、時間があったり先がどうにも読めなかったりするときは、

「一目均衡表も見とこか」

と、証券会社のサイトやスマホサイトに載っているので、助けを借りると良いでしょう。

この一目均衡表は、昭和11年に日本人の一目さん（一目山人《いちもくさんじん》）が考案した理論です。いろいろな分析をした結果、過去の分析をうまいことなんちゃらすると、なんとなくその銘柄の癖がわかるということを一目さんが発見して、それを図にしているんですね。

細かい原理は置いといて、この表を見ればパッと、**なんとなく、この先がわかる**んです。

この表を見るときは、飛行機をイメージするのがコツです。

飛行機に乗っていると、雲の下は雨が降っていても、雲の上を飛べば晴天です。つまり、この先で雲を抜けそうだったらそこから先は株価も晴れだし、今はお天気でも先に雲があれば、株価も雨に見舞われるというわけです。

雲の切れ目があれば抜けやすい。雲が厚いところにぶつかりそうなら、重そう。感覚的に判断できるので、朝忙しくて長考する時間もないようなときには、ぜひパパッとチェックしてみてください。

2021/1/21~7/5 【9984】ソフトバンク

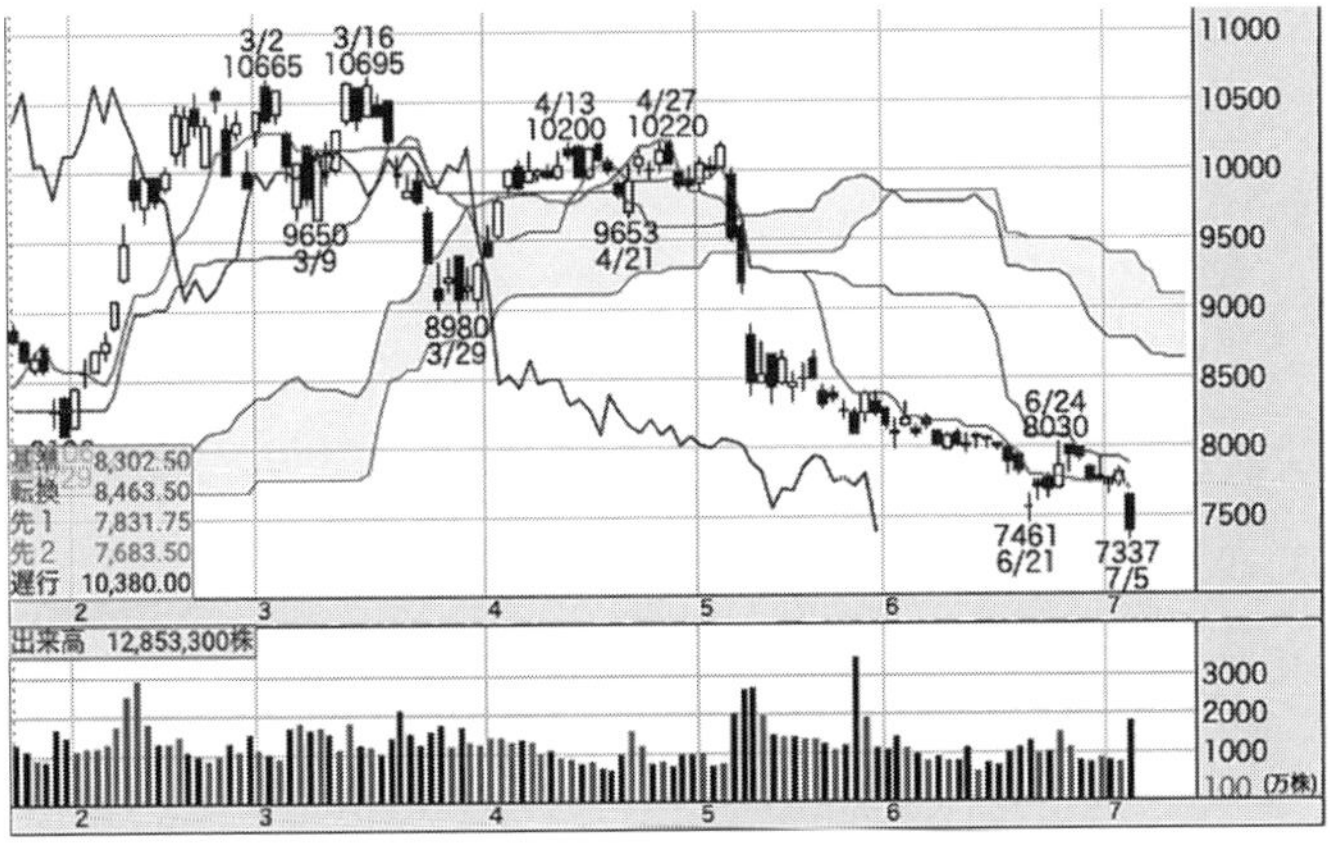

「株探」https://kabutan.jp

【一目均衡表】

一目均衡表は、過去 9 日間、過去 26 日間、過去 52 日間の最高値や最安値を操作して、時間の分析を行うもの。5本のラインの組み合わせでできる形状を読み取っていく。

基準線

相場の方向を見る基準として使う。上向きなら上昇トレンド、下向きなら下降トレンド。

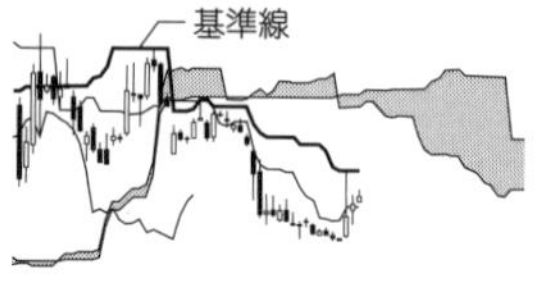

転換線

売買の短期的なトレンドがわかるので、これを見て相場の転換タイミングを計る。上昇局面では支持線の位置になり、下降局面では抵抗線の位置になることが多い。

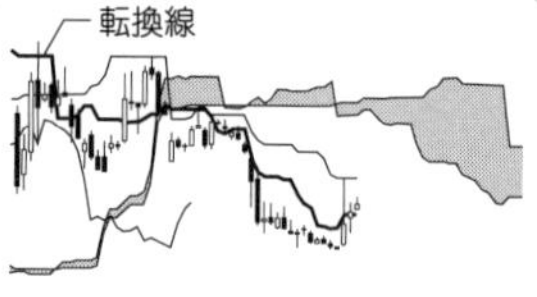

先行スパン 1　**先行スパン 2**

2つの先行スパンに囲まれた部分を「雲」といい、26 日先までが現される。相場の今後を予測するために使う。

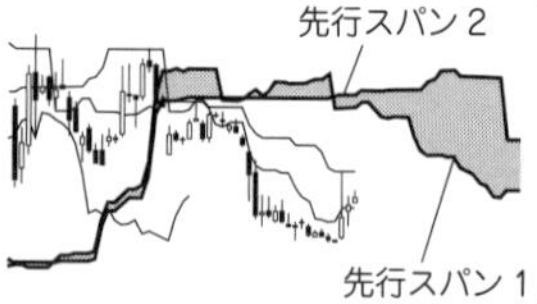

遅行スパン

ローソク足と比較して使う。遅行スパンがローソク足を上回っていれば現在の株価が26 日前の株価を上回るサインで、相場が強い状態を示すとされる。下回っていると、相場は弱いと考えられる。

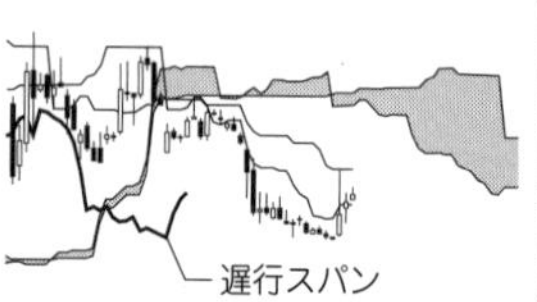

雲

先行スパン1と先行スパン2に囲まれ、塗りつぶされた部分を、「雲」といい、現れる位置によって、抵抗帯や支持帯になる。

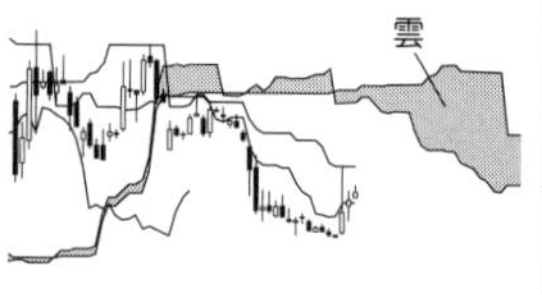

7章

デイトレなのに「ほったらかし!?」売買術

相場にしがみつくと、貧乏神に狙われます

デイトレというと、モニターを3つも4つも並べて、場中はずっとパソコンを見ながらトレードしているイメージがあるかもしれません。

でもそれは、日中働いてる会社員や忙しい主婦・主夫にはなかなかできないこと。だから本書では、〝ほったらかし〟で売買するデイトレを推奨しています。

ずっと相場を見ていると、まずそのほかの仕事ができない。そして見ていれば良いってもんじゃない。見ていたらきっと、とっとと利食って安心したくなってしまうのが人情です。仕事をほったらかしにして、たいして利食えないって、いかにも貧乏神に狙われちゃいそうじゃないですか？

別に利食うのにモニターにかじりついている必要はないので、**モニターから離れて、そ**

の分しっかりと仕事をしましょうよ、というのが相場の福の神の考えです。ずっとモニターを見続けてると目も悪くなりますし、ただでさえスマホ時間が長い現代人、眼精疲労もたまってきちゃいます。

それってほんまにデイトレなん？

デイトレは、1日で利益を出すトレードのこと。そもそも、福の神がすすめるトレード方法は、相場で今まさに動いている銘柄に飛び乗るトレードではありません。寄付き前にどんな銘柄が動きそうかと予想して、動く直前にアクションしています。

だから、**予想が当たってるか当たってないかを楽しみに待っていれば良いのであって、相場にしがみつく必要はない**んです。

予想と違う動きをしたら自動的に損切りされますし、予想通りうまいことといったら、ほど良いところで利食えば良い。それだけです。だから、見ていなくても大丈夫なんです。

むしろ重要なのは場中よりも、その前に値動きを先読みすること。じっくり考えてから行動できるので、熟考型の人にだって無理なくできるデイトレなのです。

朝13分で戦略決めて、寄付き前に注文入れましょう

注文を入れるのは、ほとんど一瞬の作業。だから、朝はこれまでにお話ししてきた方法に則って、銘柄をしぼり、戦略を決めればＯＫ。

2021/7/15　日本経済新聞　朝刊 17 面

中国向けEC試験販売
インテージ、受託を本格化

市場調査会社のインテージホールディングスは今夏、中国向けの越境EC（電子商取引）でテスト販売の受託を本格的に始める。需要調査とともに、購入者の口コミで販売拡大につなげる。新型コロナウイルス下で訪日外国人が激減するなか、需要が伸びている越境ECを後押しする。

インテージは対話アプリ「微信（ウィーチャット）」上で動くミニアプリとして越境EC「新探」を運営している。これまで化粧品を中心にテスト販売を受託してきた。今後は家電や食品、飲料などに対象を広げる。約5万人の利用者数を2021年末に30万人規模に増やす計画だ。

出品企業は販売価格を決め、日本国内の指定の倉庫に商品を送れば、インテージが輸出して中国で販売する仕組み。ミニアプリでは消費者が投稿する口コミ欄を設け、マーケティングに活用する。テスト販売の結果が好調なら、出品先を大手ネット通販に移すこともできる。料金は商品1種類ごとに50万円からで、初年度に20社程度からの受注を目指す。

新型コロナ下で日本製品の購入方法が越境ECにシフトしている。日本貿易振興機構（ジェトロ）によると、20年に中国の税関の越境EC管理監督プラットフォームを利用した取引件数は19年比で63％増えた。

たとえば、２０２１年７月15日の日経新聞の記事に、【４３２６】インテージホールディングスが、中国向けのＥＣのテスト販売の受託を始めるとの記事がありました。記事の末尾には２０２０年のＥＣの取引件数が増えたことが書かれています。

こういう記事には企業名が出ているので、銘柄は絞れました。

で、次は戦略。どうやって儲けるか、を考えます。

たぶんこうした好材料のニュースには、投資家が殺到してすぐに上がるだろうと予想したら、

「**みんなとは逆のことして、儲けたろ**」と考える。

寄付きで株価が一通り上がるところで売りにいき（空売りして）、天井について下がってきたところで買い戻して利食うのはアリじゃないか？ と考えるわけです。

それで、実際の手順は、

①売買したい金額で注文を入れ、約定のメールを待ちます。

②約定したら、③間をおかずに、損切りの逆指し値注文を入れておきます。

④これであとはお知らせメールが再び届くのを待つだけです。

「株探」https://kabutan.jp

(1610 − 1582) × 300×3 ＝ 25,200 円

空売り値　買戻し値　50万円で買える株数　差益

約定と同時の損切りの逆指値が勝敗を分けます

大切なことなので繰り返しますが、取引をする際は〝マイルールは厳守〟が鉄則です。
したがって、**損切りの逆指値注文は、約定とワンセットにして、必ず行ってください。**
私は相場の福の神として、みなさんに勝ってもらいたいからこそしつこく言いますが、
この**逆指値注文が、勝敗を分ける**んです。

マーケットに参加していると、思惑と違う方向へ動くことは、いつかは必ず起こります。

そんなとき、人間って心が弱いでしょう。だから、すぐに悪魔にささやかれちゃう。で、

「もしこのあと上がったら……」

「ここで反発すれば……」

と〝たられば〟を言いだすんです。

でも、**〝たられば〟が実現することは、相場では〝ない〟**と思ってください。〝たられば〟を考えても、**ドカーン！　と大損してしまうのが関の山**です。

このドカーン！　を防ぐためにも、マイルールにしたがって、約定と同時に逆指値注文でちゃんと損切りの措置をしておくこと。悪魔の誘惑に勝つにはこれしかないんです。虫歯と同じで放置したらもっと悪いことになっちゃうんですね。だから、嫌なことを機械的に済ませてしまえるほうが良いんですよ。

あと、

「なんだかここんとこ、調子イマイチやねん」

というときは、あまり無理してレバレッジをかけて１００万円分投資し続けないこと。あかんときは少なめ、うんとあかんときは50万円くらいに資金をしぼって、細々と調子が戻ってくるのを待てば良い。身を小さくして嵐が過ぎるのを待つというやつですね。これも勝つためには必要なことです。

Web会議中でも忙しい会社員でもできる「メール通知」投資

さて、朝イチで注文を入れたら、もう1つ大事なのが、スキマ時間の有効活用。

相場にかじりついている必要はないとはいえ、まったく板を見ないで、**何が起こっているか全然知らないというのも、困りもの。そこで、約定メールとアラートメールを使いましょう。**

スマホにメール通知が届いたら、仕事の合間を見て、なるべく急いでチェックするようにしておくと良いでしょう。

まずは、朝の注文に応じて、取引ができたら約定メールが届きます。メールをチェックしたら、次のアクションはこんな具合です。

①逆指値注文を入れる

約定したら、今度は最低限のリスク管理をしておきましょう。ということで、マイルールで決めた割合に応じて、損切りする価格で逆指値注文を入れておきます。

相場では、思惑とは逆に動くことなどいくらでもあるので、損切りは、何がなんでも絶対に入れておきましょう。**逆指値注文する時間がないほど忙しくなりそうな日は、最初から取引しないほうがマシです。**

②利食う予定価格のアラートを設定する

これくらいになったら手じまいしようかな、という目安の値に到達したら知らせてくれる、アラートメールを設定しましょう。

これは、**確実に利食うために使います。**その日、何度か板をチェックする余裕があるのなら、指値で注文を入れる必要はありません。

③利食う

アラートメールが届いたら状況をチェックして、そろそろ利食っても良いと思えば注文を入れて手じまいの準備をします。

もう少し粘るのなら、またアラートメールを入れておきます。逆に値動きする可能性もあるなら、ここで逆指値注文を入れ直しても良いでしょう。

④手じまう

その日のうちに手じまえるようにします。できれば昼休みの間に手じまいの準備をしてしまえば、午後は仕事に集中することができますね。

日経半歩先読み術実例　天井から爆落一直線せずに翌日再び上がるケース

2021/6/8　日本経済新聞　朝刊１面

アルツハイマー新薬承認
米当局 エーザイなど開発

米食品医薬品局（FDA）は7日、エーザイと米バイオジェンが共同開発するアルツハイマー型認知症治療薬候補について、承認申請を認めると発表した。従来の認知症薬とは異なり、認知機能の低下を長期的に抑制する機能を持つとして世界で初めて承認された。新薬の登場で、認知症の治療が大きく変わる可能性がある。

将来の売上高見通しは開示していないが、英調査会社エバリュエートは26年には年間売上高が48億ドル（約5200億円）に達すると試算する。「ピーク時売上高は1兆円を超える可能性がある」（国内アナリスト）との指摘もあり、大きな収益貢献を見込んでいる。

エーザイは認知症領域に経営資源を集中してきた。1997年に認知症薬「アリセプト」を開発。米ジョンソン・エンド・ジョンソンなどのメガファーマに先行した。ただ、アリセプトは認知機能を一時的に改善する対症療法にとどまり投与可能期間も短いことから、症状の悪化を長期的に抑制する治療薬開発に積極投資してきた。

エーザイが開発中の認知症薬候補はほかに「レカネマブ」がある。現在は米国、欧州、日本などで国際共同治験をしており22年度中にも承認申請をするとしている。

認知機能低下を抑制

FDAが承認した「アデュカヌマブ」は、アルツハイマー型認知症の原因物質とされるたんぱく質「アミロイドベータ」を除去する効果があるとされる。米バイオジェンが2020年にFDAに承認申請をしていた。国内ではエーザイが20年12月に厚生労働省へ承認申請している。

エーザイは日本と、中国・韓国を除くアジアでの販売を担い、対象地域の収入の全てと利益の8割を獲得する。米国と欧州ではバイオジェンが販売を担った利益について、それぞれ45%、31・5%がエーザイに入る。

2021年6月8日の日経新聞に掲載されていたのは、【4523】エーザイが開発したアルツハイマー新薬が承認されたというニュースです。

この日と翌日、エーザイはストップ高を連続で叩き出しました。エーザイは時価総額が高い会社ですから、二日続けてストップ高を出すとは、なかなかすごいことです。

人は加齢によって、アルツハイマー型認知症に罹患する可能性が高くなります。当然、高齢化社会では治療薬への需要も増えます。そしてこの薬は製薬会社の経営にもメリットが大きいんです。記事をよーく読むとわかりますが、この新薬、アルツハイマーを治す薬ではないんですね。症状の進行を遅らせるというデータが得られた薬なんです。認知症は死に至る病とはちょっと違いますから、患者さんは長期間、服用し続けてくれる薬です。つまり、製薬会社からすると売上高が期待できるので、将来的な収益拡大を期待できる好材料だと受け取られました。

もう１つ、現状ではアルツハイマーに対する他の治療薬がないので、投資家から想定外の人気があったことも、このストップ高に作用したと考えられますね。

昼の休みは「見切り」戦略再考時間

市場の前場は、11時半まで。後場開始の12時半までの1時間は昼休みとなります。前場で手じまいしなかった場合は、この時間を使って、**朝考えた戦略を再考しましょう。**昼の休憩時間が重なる人も多いでしょうから、ここでスマホを駆使して、前場の情報を収集します。

チャートをチェックすると、横ばいだったとか、逆に行っているとか、思惑と違っていることもあるでしょう。そうした場合、この昼休みに注文を出して、後場に入ったら、たとえば、

「後場の寄付きで、成り行きで決済をしてまうか」

というように、すぐに結論を出してしまう（手じまいしてしまう）のは、アリだと思い

ます。**撤退は早ければ早いほうが、傷が浅くて良い**ですからね。とにかく相場の休み時間にゆっくり考えれば良いので、ここで戦略を再考すべきです。

つまり、**後場から相場が動くこともあるにはありますが、これは午前中とは違う理由で動きます。**朝の発注前に考えた作戦とは違う理由で動くわけで、そうなるともう一度作戦を考え直さなければなりません。これではかなり不利なので、あえて勝負しない方向をとるのが得策だと思います。

というのも、本書の読者のみなさんは、本業をもつ方たちが多いだろうと思うからです。忙しい身だから、無理をしない。引きずらない。そして、午後からはちゃんと仕事をするのが大事です。

その代わり、前場で手じまいできたら、それはそれで良い思いができます。もしそれなりの儲けが出たら、ランチをちょっと豪華にしちゃうのも良いでしょう。ちょっと損しちゃって、

「今日は貧乏ランチで我慢しとかなあかんわ……」

ってなってしまう日もあるかもしれませんが。

基本は1日で手じまう。持ち続けて良いのは〇〇のみです

さて、前場でも後場でも良いのですが、デイトレでは1日で手じまいするのが基本です。

基本的には持ち続けない。損をしているときはなおさら、損切りポイントまでいってなくても、その日のうちに手じまいしてしまいます。

持ち続けても良いのは、儲かっているとき。

利食いをどうしても伸ばしたいと思ったら、まぁそのときは、最初の取引の理由とは別の理由で伸ばすわけですから、**もう一度取引をしたようなものと考えて、持っていても良いことにしましょう。**

（どうして利食いを先に伸ばすほうが儲かりそうと判断したのか、その理由は運用チェックシートに記録しておくと良いですね）

基本的に、相場の福の神は、デイトレで翌日に持ち越すのはおすすめしません。手じまっちゃいましょう、という方針です。

というのも、**日本の相場が終わってからのことを考えてほしい**んです。日本の相場が終わると、ニューヨークの相場が始まります。そこで何が起こるかわかりませんよね？　日本のマーケットに参加している投資家の6割は、外国人投資家です。そして、相場の不幸は、日本の夜（ニューヨークの市場が動いているとき）に起こります。だから、**手じまっちゃうほうが何かと安心**なんですよね。

まぁ、一番の理由は、デイトレ用の資金50万円を**持ち越しちゃったら、翌日、次の投資ができない**っていうことなんですけれどね。

たとえば、借り株を売って（空売りして）、下げを待って買い戻すポジションをとっているとき、もっと下がるのではないかと思ったら、持ち越すのも良いでしょう。あくまでも損切りだけは入れておくようにして。

でも、信用買いをしていると金利がかかるし、空売りをしているなら貸し株料がかかっちゃうんですよ。だから、欲張らずに利食えば良いのではないかと思います。

また、ニュースを先読みして取引した場合、**売買した理由はたいてい1日でなくなってしまいます。**たとえば1面好材料はみんなが飛びついて上がって、それから下がります。そういう動きは個人投資家の動きなんです。

だから、材料が出てもう一度上がることはあり得るのですが、それは寄付きで上がった好材料とは別の理由で（たとえばテクニカルなど）上がってきているんで、前日の引け値を見て、その先を改めて判断してください。

たとえば、空売りのポジションをとって買い戻そうと思っていたのなら、今日の高値のピークをもう一度越えてきたら、もうそこからは上昇トレンドに入っていく別の動きなので、手じまわなければいけません。その日はいったん手じまいして、夜、作戦を立て直し、翌日また同じ銘柄で良い具合に仕掛ければ良いんです。

日経半歩先読み術実例

中面掲載好ニュースは遅れて上がる

2021/6/17　日本経済新聞　朝刊 13 面

メイコー、山形に新工場
車基板の生産能力3倍に
100億円投資

プリント基板大手のメイコーは2022年にも約100億円を投資して山形県に新工場を建設する。国内の車向け先端基板の生産能力を3倍にする。日本での大型投資は15年ぶり。これまで家電や携帯電話向けの海外投資が中心だったが、車の電子化を進める国内の自動車メーカーに照準を合わせ先端部品の供給を拡大する。

山形県に2つ目の工場をつくり、車の制御の中核を担うECU（電子制御ユニット）に使われる「ビルドアップ」と呼ばれる先端基板などの生産を増やす。限られた基板の面積に数多く電子部品を搭載できるのが特徴で、電装部品の省スペース化につながる。車の高度運転支援など電子化が進む中、引き合いが増加している。

メイコーは大手スマートフォンメーカーなどに基板を供給し、これまで広州や武漢など中国の生産を強化してきた。中国の人件費増に加え、米中貿易摩擦や新型コロナウイルスによる供給網の混乱もあり、日本での投資を拡大することにした。車載部品をスマホなどのデジタル家電の部品と並ぶ成長の柱に据える戦略だ。

新工場は車メーカーの系列の大手サプライヤーと協力して先端基板をつくり、日本の車メーカーに供給する。日本の高い人件費や光熱費をカバーするため、自動化工程を増やして生産性を高める。電力は太陽光やバイオマスで自社発電し、電気の購買量を減らす。

メイコーは22年3月期から25年3月期までの4年間で計500億円の設備投資を見込む。車載向けではベトナムにも新工場を建設する。18日にはジャスダックから東証1部に市場変更し、22年4月の市場再編では新市場「プライム」への上場を狙っている。

車載向けの先端基板を生産する山形工場（山形県河北町）

【6787】メイコーは車向けのプリント基板を作っている会社ですが、2021 年 6 月 17 日の日経新聞朝刊中面に山形に工場を新たに作るという記事が掲載されていました。

ご存知の通り、今の自動車は、必ずコンピュータが搭載されているので、プリント基板も必ず使われています。今後は自動運転の車も今まで以上に増えていくと予想できますから、メイコーも新工場を作って増産に備えようというわけです。

これ、もちろん、メイコーにとってはいい話です。だからすぐに株価に反映されてもいいんですが、この記事そのものは中面に掲載されていたんですね。だから、投資家にはちょっと気づかれにくかった。

それで、記事が掲載された 17 日の寄付きはちょっとしか上がらなかったんですが、その後、じわじわと引けまで上がっていきました。最高値は +115 円ですから、朝、日経新聞にざっと目を通して、100 株買い注文を出してさえいれば 1 万円の儲けです。

デイトレでは1日で手じまうほうがお得です

もう1つ、デイトレでは1日で手じまうことをおすすめする理由は、コスト面です。トレードで儲けを出すためには、商売と一緒でコスト意識が大切です。

株式トレードのコストといえばまず思いつくのが取引手数料ですが、2020年以降、個人投資家の増加に伴って、ネット証券会社では格段に安くなったんですね。なかには、「信用取引は無料」という証券会社も出てきています。

本書のコンセプトは、「朝13分で儲けるデイトレード」。当然、手数料はゼロが良いに決まっています。なので、信用取引をできるだけ活用することがポイントになります。

信用取引では、証券会社に置いている元手資金の3倍額まで、株式を買えます。もしそ

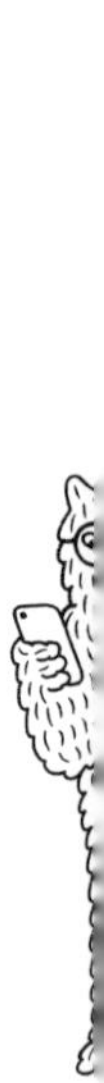

の銘柄の株価が下がってしまったら、通称・追証《おいしょう》つまり追加保証金の差し入れが必要になりますが、入金締め切りは翌日です。その日のうちに手じまってしまえば、元手から損した分が補填されるので、追証も払う必要はないんですね。追証を気にせずにレバレッジをかけられれば、それだけ儲けるチャンスも増えるというものです。

元手以上の損が出たらどうすりゃええん？

おや？　そんなはずはありませんよね？　損切りマイルールを厳守していれば、そんな心配も無用です。

空売りについても、最近は東証マザーズの上場銘柄などに一般信用で空売りできる銘柄が増えてきました。このなかには、「一日信用取引」という、その日のうちに手じまってくださいというルールで空売りできるものもあります。

信用売りのほうでは、銘柄がかなり広がって、信用買いについても手数料が下がり、ほぼゼロの証券会社が多くなりました。ここまでやりやすくなったなら、これはもう、デイトレで信用取引を使わない手はありません。

8章

夜【17分】明日につなげるトレード反省術

運用チェックシートで今日の反省をしましょう

日中にトレードを手じまいしたら、夜は反省と予想の時間です。ここでは、反省をして、明日に備えて情報を集め、それに基づき予想をします。

ところで、投資で守るべき2つのことに、

「危ないことに手ぇ出さんこと」

「危ないとわかったら、すぐに手ぇ引くこと」

というのがあります。これにしたがうためにも、この夜の時間がすっごく大事なんです。

そこでまず取り出すのは、3章でご用意いただいた、〝運用チェックシート〟です。

ここには、取引の価格やらなんやらのほかに、取引した理由などを書きます。昼間に記録するヒマがなかったら、夜この時間に書いちゃいましょう。

日付	コード	銘柄名	買う・売る理由	投資期間	約定結果		現物・信用	投資金額	損切りメド		結果			手じまい金額	手じまい理由	備考	利益・損失
					株数	株価			金額	理由	日付	株数	株価				
2021.7.15	7608	エスケイジャパン	経営利益拡大を発表。午前中天井で反落を見込んで空売り。	15日中には終える	800株	540円	信用	432,000円	436,320円	1%ルールから	2021.7.15	800株	513円◎	410,400円	27円下げたところで買い戻し	思惑通り午前中に天井に	21,600円◎

取引した日とコード・銘柄を書きます

取引の内容が買いか売りか、またその取引をした理由を書きます

いつまでその銘柄を運用するのか、その期間と投資を終了する（＝決済する）期限日を書きます

取引した株数と、取得あるいは売却の単価を書きます

現物取引か、信用取引かを書きます

日付	コード	銘柄名	買う・売る理由	投資期間	約定結果		現物・信用
					株数	株価	
2021.7.15	7608	エスケイジャパン	経営利益拡大を発表。午前中天井で反落を見込んで空売り。	15日中には終える	800株	540円	信用

トータルの投資金額を書きます。投資金額 ÷ 株数が平均単価となります

損切りの目処となる金額と、金額以外の理由を書きます

いつ、どれだけの数を、いくらで取引して、投資を終えた（手じまいした）のかを書きます

手じまいした理由を書きます

自分自身の感想や、市場の様子、投資期間中の想定外のニュースなど、自由にメモしておきましょう

投資金額	損切りメド		結果			手じまい金額	手じまい理由	備考	利益・損失
	金額	理由	日付	株数	株価				
432,000円	436,320円	1%ルールから	2021.7.15	800株	513円◎	410,400円	27円下げたところで買い戻し	思惑通り午前中に天井に	21,600円◎

この〝運用チェックシート〟を見ながら、今日のトレードを振り返る。これが、経験値を積むうえで、とても大切な習慣となるのです。

反省すべきポイントは、次の4つです。

「自分の予想や戦略は、うまくいったんか？」

「戦略通りに取引できたんか？」

「で、儲かってまっか？」

「儲からんかった？　ほな、マイルールを守って損切りできたんか？」

予想が外れたなら、それは予想の仕方があかんかったということ。

また、予想は当たってたけど、戦略通りにいかへんかったのなら、それは戦略の立て方が甘かったということ。

そして、予想が当たって戦略通りに取引できたのに、儲かってないとなったら、それは戦略が間違っているということです。

結局、今日は儲けが出なかった。そうなったら一番大事なのが損切りです。

もちろん、夜のこの段階では、すでに損切りしていますよね？　そして、その損切り価格はもちろん、マイルールにしたがっていますよね？

それができていなかったら、あなたは今後も損し続けることを覚悟しといたほうが良いです。何度も言っている通り、損切りが勝負の決め手になるからです。

でも、マイルールを守れていて、ちゃんと反省もしているなら、**今の失敗は必ず糧になります。**そうして経験値は積まれていくのです。

運用チェックシート
ダウンロードサイト

反省は毎日。ブログなどで公開も！

〝運用チェックシート〟を見て反省しても、その場限りになってはもったいない。せっかくの**経験、特に失敗**は、後から振り返ると、〝**べからず事例集**〟として活用できます。うまく儲かった日の記録も、今後、**柳の下のドジョウを見つける**のに、役立ちます。同じ仕掛けで何度もひっかかる銘柄を見つけられたら、苦労なしですからね。

こうした記録をつけながら、夜のうちにきちっと反省しておくことにより、朝は機械的に銘柄を判断できるようになります。

実際、トレードをずっと続けていると、必ず、自分と相性の良い銘柄や、相性の良いパターンというものに出会います。そして、続けているとそうした相性の良い〝儲けどき〟が何度もやってくるのです。ですから、運用チェックシートは経験を積んだときに、そうした

銘柄やパターンを見つけるのに役立ちます。

もちろん、相性の悪い銘柄やパターンもありますから、そういうものを避けるのにも役立ちます。トレードは修行じゃないんで、験《げん》の悪いものは避けて通るに越したことはないんですね。損切りになっちゃったら、相性が悪いということですから、再チャレンジの必要はありません。

〝運用チェックシート〟は手書きでも良いし、パソコンでつけても良い。一人じゃ続けられないと思うなら、FacebookやTwitterなどで公開しても良いでしょう（もちろん非公開でもかまいません）。

また、ネット上にはあなたと同じようなトレーダーの仲間がたくさんいますので、そうした人たちをフォローして、相場のことだけをチェックできるようなリストに入れておくこともおすすめします。自分では気づかないことに気づくきっかけにもなりますよ。

チェックすべき人は、**トレンドや本日の上がった・下がったランキングの理由を語る**など独自の〝トレード日誌〟を記している人たちです。

明日の戦略を考えましょう

〝運用チェックシート〟をつけ終えたら、いよいよ明日の戦略を考えます。

まず、調子が良いか悪いかを考え、良いときなら投資金額を増やし、悪ければ減らします。そして、明日の銘柄は何がおもしろそうかを考えましょう。

まず、その日のトレードを振り返りトレンドを見るために、**新高値銘柄や出来高が大きかった銘柄、値動きが大きかった銘柄もチェック**します。その方法は次項で書きますね。

また、翌日以降の方向性がわかる、**日本経済・世界経済に関するニュース**も、テレビやネットなどでチェックしておきましょう。これは、どの銘柄が明日以降動きそうか、と先を読むために必要です。

5章で解説したように、ニュースやその日のトレードを解説したYouTubeの番組

もいろいろあります。この時間に、それらの中からお気に入りのチャンネルを、1・5倍速くらいで**ざっと聞き流しておく**と、さらに良い感じです。ガチで見るとどの情報も重要に聞こえてしまうので、軽く聞き流しておけば充分です。

そしてチェックした情報を分析し、**明日の相場を予想**します。まず、明日の日経新聞がどのような紙面になりそうか、イメージしてみるのも良いかもしれません。そのとき、これまでに書き溜めてきた〝運用チェックシート〟が役立ちますよ。

また、気になったニュースやキーワードは、データベースを使ってさかのぼって検索しておきましょう。そして、ある程度、翌日注目すべき銘柄の目星をつけておきます。チャートまでチェックしておければ、言うことなしです。

目星をつけたら、自分なりの仮説を立て、売って儲けるのか買って儲けるのか、売って儲けるなら〝高値を抜けたら網をはる〟とか、〝相場全体が弱ければ売り目線を考えよう〟とか、〝相場には逆らわないほうが良いので逆のポジションで儲けよう〟とか、具体的な戦略も考えておきましょう。

柳の下の次のドジョウを探しておくのも良いですね。

最高値・最安値・新高値・新安値銘柄をチェック！

たとえ自分が興味のない銘柄であっても、**毎夜、最高値・最安値や、新高値・新安値の銘柄、出来高が大きかった銘柄、値動きが大きかった銘柄を必ずチェック**すべきです。これらの情報は、証券会社のサイトなどに掲載されています。

その理由は、**相場の状況を知るうえで役立つ**からです。**今日動いた銘柄はうまくいった銘柄**ということ。たとえ自分が売買しないとしても、現在の相場状況の傾向を知るうえでも役立ちます。今日動いた銘柄を見ておけば、翌日はどうチャレンジすべきかを示唆してくれることもあります。そして、こうしたデータを毎日チェックしていると、だんだん相場や銘柄の感触が、感覚でわかってくるようになります。

ですから、値や銘柄を見るだけでなく、気になった銘柄はチャートがどういう形になっているのかまで、ぜひ見ておきましょう。

ちなみに、熟練した投資家ほど、自分のお気に入り銘柄の〝過去の高値〟を覚えています。それが、各投資家の**気持ちのうえでの上値抵抗線になっている**んですね。そして、こうした上値抵抗線を抜けると、その〝過去の高値〟は、下値支持線に変わります。

ですから、こうした値をチェックしておけば、自分の中にもそうした〝過去の高値〟ができ、**ブレイクする瞬間をとらえる〝気づき〟ともなる**のです。

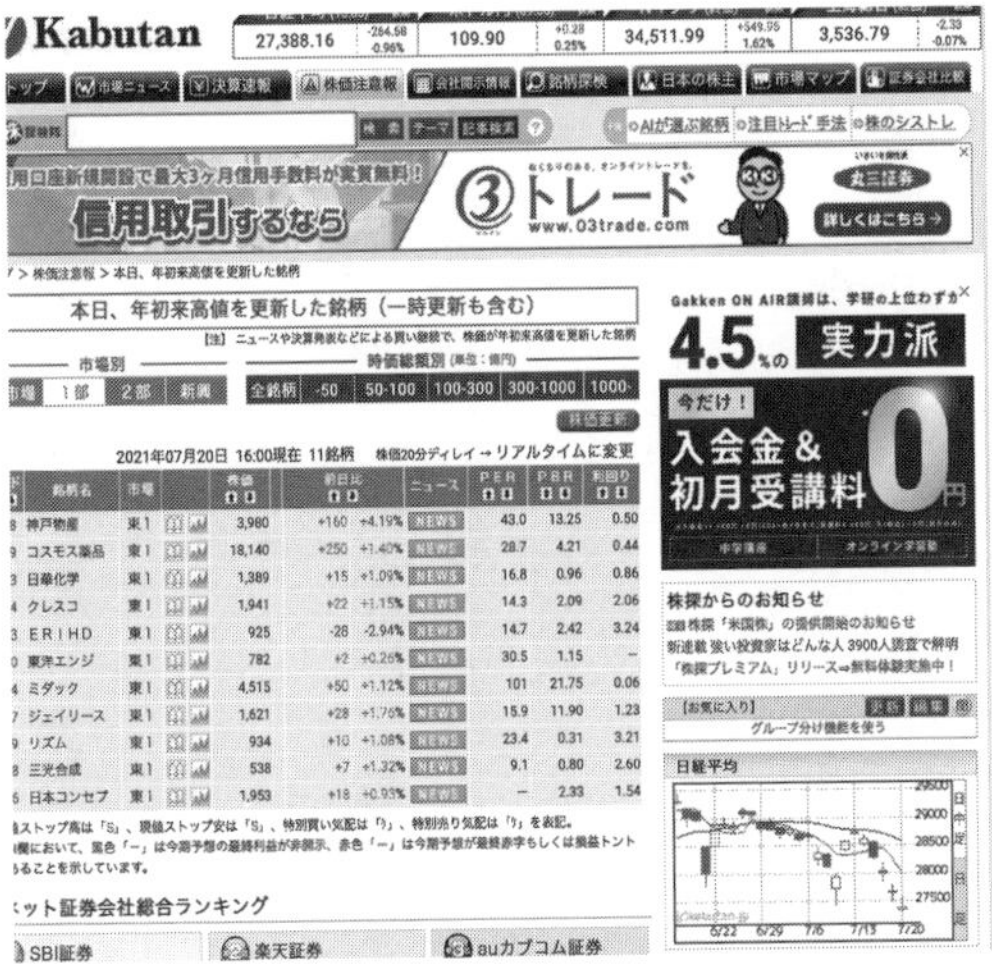

「株探」https://kabutan.jp

時間外取引にも注目しておこう

ちょっと前までは、デイトレードは場中、つまり9時から15時までの取引でした。ところが近年は、**PTS取引**（夜間取引／一例としてＳＢＩ証券の場合、夜間は16時30分〜23時59分、昼間は8時20分〜16時）も活発になってきています。そこで、時間外取引をするかどうかは別として、チェックはしておくほうが賢明です。

というのも、従来は引け後に出たニュースは翌朝の始値に反映されることが多かったのですが、時間外取引のプレイヤーが増えたことにより、影響力が出てきたからです。ただし、時間外取引には、信用売りができない、限られた証券会社でしか取引できない、といった制限があります。それにプレイヤーは個人投資家のみです。

実は、この制限がおもしろい現象をもたらすんです。信用買いはできるけれど、売るためにはその銘柄を持っていなければ売れない。仮にその銘柄を持っていても、その銘柄を買った証券会社が時間外取引をしていなかったら、売りたくても売れない。

すると取引が買うばっかりになるんで、**どんどん値が上がってくる**んです。これが昼間の取引と決定的に違う点です。昼間は、ある程度値上がりしたところで機関投資家がガツンと大量に売ってくるので、適度に調整しながら上がるところ、夜間は調整できないので一方的に上がりがち。それで、夜間に大きく値が動くようであれば、翌日上がるところまで上がってしまう可能性もあります。翌朝を占う意味では重要な情報です。

PTSのもう1つのメリットは、0・1円刻みの小幅の値動きになっていることです。株価って、1円刻みで動いていきますよね。100円の次は101円。ところがPTSでは100円の次は100・1円なのです。これによって、低位株でも買いやすくなりました。低位株は、安価で手が出しやすいものの1円単位だと売買がしにくくて、すぐに睨み合いになります。ところが、0・1円刻みなら安く買えるので練習にもってこいです。

業種別騰落率と出来高ランキングで相場の全体像を見ましょう

出来高とは、その日の約定金総数です。

つまり**出来高が大きな銘柄とは、その日特に活発に取引された銘柄**ということになります。出来高ランキングはＹｏｕＴｕｂｅのアクセス数やいいね！数ランキングのようなものと考えても良いでしょう。投資家の注目がどこに集まっているのかがわかります。

また、業種別騰落率を見ると、市場の状況がわかります。

これは、**東証33業種のどの業種が上がったか**を見ると良いでしょう。今、市場では何がきているのか、つまりＹｏｕＴｕｂｅでいえば、やってみた系なのか学び系なのかレシピ系なのか芸能人系なのか、流行のジャンルを見極めるようなものです。

このほか、基本中の基本ですが、**日経225とTOPIX**も、必ずチェックしておくべき指標です。

チェックするときは、**2つの指標が示す数字の差**を考えるようにしましょう。**日経がよく動いているときは、特殊な人たちが先物を釣り上げているとき。**だから、相場がぶれやすいんです。

一方、**TOPIXがずっと上がっている状況なら、どこかから大きな資金が入っている状態**で、逆に下がっているのなら、大きな資金が逃げている状態かな、などと考えましょう。

こうしたさまざまな指標や値を見るのは、相場の雰囲気を知るためです。相場には流れがあるので、相場全体の流れには逆らわないほうが良いんですね。

スケジュールをチェックしましょう

週末・月末などにその時期のスケジュールをチェックしておくことは大切です。**決算発表**などのニュースが出やすいタイミングを押さえ、さらに〝お隣の会社〟まで目星をつけておけば、半歩先読みのアドバンテージになります。また、過去と同じパターンで動く可能性も高いので、去年のチャートなどを見ておくのも良い情報収集法です。

特に**決算では、大きく株価が動く可能性**があります。うまくのれないような予感があるときはトレードを休むことを考えても良いでしょう。

中期経営計画の発表にも注目です。中期経営計画というものは、たいていは3～5年の経営計画です。**最終年には次の経営計画を立てて発表するので、要チェック**はその発表日。だいたいの場合、バラ色の未来が語られるはずなので、株価もポジティブな反応を示す可

能性が高いんですね。そのほか似たような動きをしそうなケースは、**親会社や社長が変わるタイミング**です。

中期経営計画の発表日は、企業のサイトを調べればわかるはずです。そして、この発表会に出席したアナリストが、内容を判断して、それがニュースに出てくるという流れです。

そこで、**中期経営計画の発表で、上がりそうだと思ったら前の日に買っておく**のがおすすめです。そうすれば、みんなが買ったときに売って利食うことができますし、動かなかったら売って損切りできるからです。この作戦は、決算発表後に有効です。特に、決算で売られた銘柄が中期経営計画を発表するタイミングに、この作戦が使えます。

さらに、**FOMC**（連邦公開市場委員会）の直前は、材料待ちで株価が動きにくくなるので、この日程もチェックしておくと良いでしょう。

加えて自分の得意分野に関する国際的な産業イベントのスケジュールをチェックしておくのも良い作戦です。こうしたイベント時に合わせて、企業も新商品を発表するからです。

明日の投資金額は前夜のうちに見極めを

明日いくら投資するのか。これを決めるのも、前夜のうちです。**投資金額が決まっていれば、翌朝銘柄を決めさえすればすぐに注文を出せる**からです。

毎日の**投資金額を変えられるのは、個人投資家の最大の強み**です。

機関投資家は、どんなに自分の調子が悪くても、相場全体が悪くても、常に決められた金額をトレードしなければならないので、なかなか辛いものがあります。その点、個人投資家は調子が良いのか悪いのかを自分で見極めて、調子が悪ければ資金をおさえてみたり、思い切って投資を少し休んでみたりしても良いのです。

本書で推奨しているトレードの元手は50万円なので、基本の投資金額は、信用取引を使っ

た100万円と考えておきましょう。

そして、これは感覚的なもので良いのですが、**自分の調子が良ければ増やす。**調子がうんと良ければ、銘柄によっては150万円投資してみるのも良いでしょう。だいたい**50万円～150万円の間で資金を動かす**のが、デイトレではちょうど良いと思います。

一方、負けが続くようだったら、調子が悪いということなので投資金額を減らします。すると、損金を減らすことができますからね。

やってはいけないのは、損をしているときに、損を取り返そうとしてレバレッジを上げることです。

レバレッジを上げるのは、調子が良いときだけに限りましょう。

なぜなら、無理をして損を取り返そうとしても、悪い流れから逃れない限り、取り返せないからです。それより、**資金を減らして、再び良い流れが来るのを待ちましょう。**

休んでも良いのですが、しばらく休むと投資のカンが鈍ってしまうので、**リスクを減らしながら経験値を積んでいくほうが、後々のメリットはあり**ます。

また、レバレッジをかけるのはリスクが高そうで怖いという人もいることでしょう。

そうした人は、**最初は空売りのときだけ信用取引を使う**ようにして、レバレッジなしで経験を積んでいけばよいと思います。


一度も起きていないことではなく、起きたことに反応するのがマーケット。だから、経験を積んでいくことが大事なんです。

1章でもお話ししたように反射神経型の投資だと、歳をとるとなかなか辛くなってきますが、**この先読み術だと、経験値を積むとどんどん戦いやすくなっていく**んです。そして、同じ失敗をしないで済むので、どんどんうまくなっていって、儲けも出しやすくなります。


最初はトントンだったり、儲からなかったりしても、大丈夫。

損切りをきちんとしていれば、破産するほどのダメージは受けません。

徐々にうまくなっていけば、必ず儲けをとれるようになっていきます。

もちろん、損切りのマイルールを守り、〝たられば〟を言ったり、苦手な銘柄に意固地になって投資し続けたりしなければ、の話ですが。

日経半歩先読み術実例

桶屋銘柄探しでは「株主仲間」も要チェック

2021/6/16　日本経済新聞　朝刊 14 面

次世代パワー半導体材料

世界初の量産成功

ノベルクリスタル

電子部品のタムラ製作所やＡＧＣなどが出資するノベルクリスタルテクノロジー（埼玉県狭山市）は、次世代パワー半導体材料である酸化ガリウムの100ミリウエハーの量産に世界で初めて成功した。ウエハーの提供は2021年内に開始する。顧客メーカーは100ミリウエハーに対応した既存設備で次世代製品を製造でき過去に投資した古い

設備を有効活用できる。

パワー半導体とは、鉄道や産業機器など大きな電流の制御に使われる部品だ。電気自動車（ＥＶ）向けにも用途拡大が期待されている。政府の半導体戦略では日本メーカーが国際競争力を維持している分野の一つとして挙げられている。

パワー半導体の材料は現在、移行期にある。今の主流はシリコンだが、

より損失が小さい電気制御を巡って炭化ケイ素（ＳｉＣ）や酸化ガリウムなどの材料開発が進んでいる。今回ウエハーの量産化に成功した酸化ガリウムは、こうした競争に優位に立つ可能性を持つ。酸化ガリウムはウエハーの価格がＳｉＣより安い上、より効率的に電気を制御できるという。

顧客メーカーにもメリットがある。半導体製造

に100ミリウエハーなどに対応した既存設備を生かせるため、設備投資を抑えられる。日本の半導体メーカーは旧世代の製造装置を余らせており、有効活用が期待できる。さらに同社は23年に150ミリウエハーを提供する計画を立てている。

〝桶屋銘柄〟と似ているお隣の会社に、「株主仲間」というくくりがあります。

例として、2021 年 6 月 16 日の日本経済新聞朝刊の記事を見てみましょう。この日はノベルクリスタルテクノロジーという会社の好材料が出ていました。が、同社は株式未公開。こういう場合は、この会社に出資している会社を見るんです。

このノベルクリスタルテクノロジーは【6768】タムラ製作所からのカーブアウトベンチャーなんで大株主はタムラ製作所。で、この日のタムラ製作所の株価は寄付きでふっとんでいます。これは寄付きで高値をつかんで失敗するパターンです。

では一歩先読みして何を買うか。ここは、上場している他の株主で、タムラより時価総額が小さい会社はないかと探すのです。すると、ありました。【6616】トレックス・セミコンダクターです。ちょっと探しにくいんですが、ノベルクリスタルテクノロジーのホームページに、「資金調達のお知らせ」という 2020 年 6 月 30 日のニュースがあります。ここで、【5201】AGC とともに投資家として名を連ねています。

でも、ここで AGC を買おうとしてはダメ。お隣の会社を探すときは、時価総額のより小さい銘柄を買うのがセオリーです。

3カ月に一度、過去を振り返りましょう

日々の反省とは別に、3カ月に一度くらいは、長期スパンの反省をすることをおすすめします。

企業でいえば、四半期決算と同じようなもんです。

過去をまとめて振り返るメリットは、自分がどんなときに儲かったのかを、データの母数が大きい状態で、チェックできることです。

母数が大きいほどより正確に、自分がどんなときに儲かっているかもわかるので、得手不得手をチェックすることができるんですね。

そして、**不得手なパターンはやめてしまえば良い**んです。

だって、仕事と違って、嫌なことやうまくいかないことは自由にやめられるのがトレードの良いところなんですから。

これは、どのピッチャーの球が得意で、打率が良いのかを調べるようなものです。

でも株は野球ではないので、得意なピッチャーの球だけ選んでどんどん打っていって、打率をバシバシ上げていきましょう。

1年に一度振り返り、キチンと納税、しっかり繰り越し！

◆基本は、特定口座　もし損失があれば、確定申告しよう

儲けが出たら、納税をして社会に還元しなければなりません。そこで、どうやって税金を払っていくかの話もしておきます。

デイトレは日々利益、あるいは損失が出ますから、一番楽なのは、「特定口座」の「源泉徴収あり」コースです。これは、確定申告が不要で、証券会社が自分に代わって税金を払っておいてくれるというものです。ですので、証券会社で口座を開くときは、「特定口座・源泉徴収あり」で申し込んでおくと良いでしょう。

ただし、複数の証券会社を使っていて、こっちの証券会社ではトータルで得しているけど、あっちではトータルで損しているなんていう場合は、払わなくて良い税を払ってしまっ

ている可能性もあります。

そういう場合は、確定申告をすれば、返ってきます。ちょっと面倒な気がするかもしれませんが、1年のトレードをトータルの成績で見る絶好のチャンスと考えましょう。

そして、重要なのはトータルで損していたとき。

源泉徴収ありコースにしていて損したときは必ず損を申告しましょう！

するとなんと**3年間の損失繰り越し**という制度があるのです。損した額の税金を、その翌年の儲けから差し引いてくれるんですよ。

◆NISA口座は新規公開株で使おう

ついでなので、NISA口座を作るならデイトレではなく、新規公開株を申し込むときに使うことをおすすめします。

2020年の新規公開株は、コロナ禍といっても、勝率68%超え。66社中45勝20敗1分と、ここまで勝率が良いプロ野球投手はなかなかいませんよ！（売り出し価格と初値を比

較した場合）

新規公開株の勝率が良いのは、**2〜3倍に大きく育つ可能性がある**からなんですね。

しかも、普通の株はどの証券会社で買っても同じですが、新規公開株は引き受け証券会社でしか買えません。

銘柄によって引き受け証券会社は変わるので、口座を開く際の参考にしても良いと思います。引き受け証券会社の銘柄数・株数ともに多い証券会社をチェックすると良いですね。

新規公開株が値上がりしやすいのは、株は〝比較〟（特に過去の株価との比較）で値が決まるからです。

新規公開株には、過去がありません。だから、比較できない。

これが、値段が大きく動きやすい理由です。

特に、同業種がまったく上場していない銘柄は前例がないので、夢があります。

そして、**夢が大きいほど、株価はふっとんで値上がり**します。

たとえば２０２１年２月に上場した【６６１３】ＱＤレーザは、公募価格が３００円台。初値で倍以上をつけ、それからも上がり続けて２週間後には６倍近くになったんですね。その後はさすがに少し落ち着きましたが、それでも上場半年後も、５倍前後をキープしていました。

つまり、新規上場株はＮＩＳＡ口座で申し込むのが良い理由は、デイトレよりも長めに持っておくほうがいい、成長株だからなんです。

問題は、「買えるかどうかは抽選次第」という点で、ここ数年はますます競争率が上がってきました。が、ネット証券を選べば、純粋な抽選で当選者を決めているので、いずれ当たるはずです。年間70～80社は上場してくるし、儲かる可能性も高いので、せっせと応募しましょう。１社当たると大きいですよ。

2021/2/5~7/30　【6613】QDレーザ

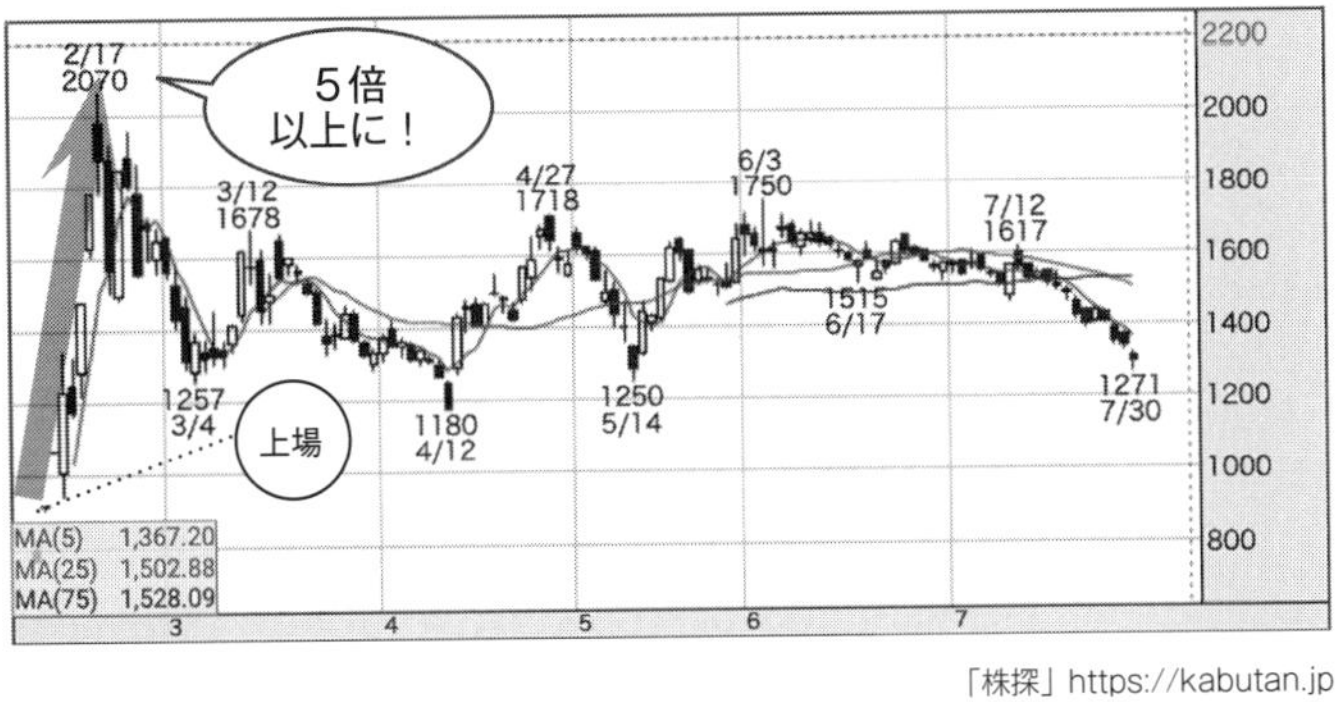

「株探」https://kabutan.jp

おわりに

この本をお読みになっていかがでしたか？　少しでも、

なかなかええこと書いてあるやん！

と納得していただけたなら、早速、実践してみましょう！

「とにかく、考えてみることである。工夫してみることである。
そして、やってみることである。失敗すればやり直せば良い。
やり直してダメなら、もう一度工夫し、もう一度やり直せば良い。」

私は、株式投資というのは、この松下幸之助翁の言葉通りだと思っています。そして、

特にデイトレほど、この言葉が効いてくる投資法もないいんじゃないかと思っています。今までうまくいかなかった人は、反省したのか？　さらに工夫してみたのか？　その過程が抜けているのではないかと思うからです。

みなさん、お気づきでしょうか？

この本は、どの銘柄に投資するかを考える朝の時間13分よりも、夜の反省の時間17分のほうが、長い時間をかけているんです。

投資する前にじっくり考える人のほうが多数派でしょう。でも本当は、

「今後はどないしよか」

と考えるほうが時間がかかるものですし、重要な部分でもあるんです。

これから株式投資を始めるみなさんは、まず、ネット口座を開いて、入金してください。

そして、すでに株式投資を始めているみなさんは、ぜひ、今すぐに**今持っている銘柄を〝なんで買ったのか〟を書き出してください。**

そして、まだその理由が続いているのか、もうなくなっているのかを確認し、ないなら損切りなり利食うなりしちゃいましょう。

もう昔のことで理由がわからないなら、移動平均線が上向いてるか下向いているかを見るだけでも良い。もう一度手持ちの銘柄を見直しするところからスタートしましょう。

今までの自分の投資法はどうだったのか。その反省からぜひ、始めてください。

今度こそ本当に、みなさんに相場の福が授かりますように！

2021年9月

藤本誠之

[著者]

藤本誠之（ふじもと・のぶゆき）

「相場の福の神」と呼ばれるマーケットアナリスト。

年間400社の上場企業経営者とのミーティングを行い、個人投資家に真の成長企業を紹介。「まいど！」のあいさつ、独特の明るい語り口で人気。ラジオNIKKEIで5本の看板番組を持ち、その他テレビ出演、新聞・雑誌への寄稿も多数。日興證券、マネックス証券、カブドットコム証券、SBI証券などを経て、現在は、財産ネット株式会社の企業調査部長。日本証券アナリスト協会検定会員、ITストラテジスト、All About株式ガイド、YouTuber。

主な著書に『朝13分で、毎日1万円儲ける株』（明日香出版社）、『週55分で、毎週5万円儲ける株』（明日香出版社）、『株は社長で選べ！　コロナ継続・収束問わず確実に勝ち続けるたった一つの株式投資術』（かんき出版）、『はじめてのかぶしき　株のことをよくわからないけど始めたいあなたへ』（祥伝社）、『ポケモンGOが世界経済を救う！』（牧野出版）などがある。

Facebook：https://www.facebook.com/nobuyuki.fujimoto.3
YouTube：https://www.youtube.com/channel/UCKWACtKH6FESboA5ndrKalA
Twitter：https://twitter.com/soubafukunokami
ブログ：https://soubanofukunokami.hatenablog.com/

＜決定版＞朝13分で、毎日1万円儲ける株

2021年　9月 28日　初版発行

著　　　者　藤本誠之
発　行　者　石野栄一
発　行　所　明日香出版社
〒112-0005　東京都文京区水道2-11-5
電話　03-5395-7650（代表）
https://www.asuka-g.co.jp

印　　　刷　美研プリンティング株式会社
製　　　本　根本製本株式会社

　ISBN 978-4-7569-2174-1